本书由
中央高校建设世界一流大学（学科）
和特色发展引导专项资金
资助

中南财经政法大学"双一流"建设文库

创 | 新 | 治 | 理 | 系 | 列 |

政府投资激励政策的效应评估与优化路径研究

陈思霞 著

中国财经出版传媒集团
中国财政经济出版社

图书在版编目（CIP）数据

政府投资激励政策的效应评估与优化路径研究 / 陈思霞著. -- 北京：中国财政经济出版社，2019.12
（中南财经政法大学“双一流”建设文库. 创新治理系列）
ISBN 978 - 7 - 5095 - 9379 - 0

Ⅰ.①政…　Ⅱ.①陈…　Ⅲ.①政府投资－激励制度－研究－中国　Ⅳ.①F832.48

中国版本图书馆 CIP 数据核字（2019）第 246435 号

责任编辑：钱红叶　　　　责任校对：胡永立
封面设计：陈宇琰

政府投资激励政策的效应评估与优化路径研究
ZHENGFU TOUZI JILI ZHENGCE DE XIAOYING PINGGU YU YOUHUA LUJING YANJIU
中国财政经济出版社 出版

URL：http：//www.cfeph.cn
E - mail：cfeph @ cfemg.cn

社址：北京市海淀区阜成路甲 28 号　邮政编码：100142
营销中心电话：010 - 88191537
北京财经印刷厂印装　各地新华书店经销
787 × 1092 毫米　16 开　11.25 印张　187 000 字
2019 年 12 月第 1 版　2019 年 12 月北京第 1 次印刷
定价：51.00 元
ISBN 978 - 7 - 5095 - 9379 - 0
（图书出现印装问题，本社负责调换）
本社质量投诉电话：010 - 88190744
打击盗版举报热线：010 - 88191661　QQ：2242791300

总　序

“中南财经政法大学‘双一流’建设文库”是中南财经政法大学组织出版的系列学术丛书，是学校“双一流”建设的特色项目和重要学术成果的展现。

中南财经政法大学源起于1948年以邓小平为第一书记的中共中央中原局在挺进中原、解放全中国的革命烽烟中创建的中原大学。1953年，以中原大学财经学院、政法学院为基础，荟萃中南地区多所高等院校的财经、政法系科与学术精英，成立中南财经学院和中南政法学院。之后学校历经湖北大学、湖北财经专科学校、湖北财经学院、复建中南政法学院、中南财经大学的发展时期。2000年5月26日，同根同源的中南财经大学与中南政法学院合并组建“中南财经政法大学”，成为一所财经、政法“强强联合”的人文社科类高校。2005年，学校入选国家“211工程”重点建设高校；2011年，学校入选国家“985工程优势学科创新平台”项目重点建设高校；2017年，学校入选世界一流大学和一流学科（简称“双一流”）建设高校。70年来，中南财经政法大学与新中国同呼吸、共命运，奋勇投身于中华民族从自强独立走向民主富强的复兴征程，参与缔造了新中国高等财经、政法教育从创立到繁荣的学科历史。

“板凳要坐十年冷，文章不写一句空”，作为一所传承红色基因的人文社科大学，中南财经政法大学将范文澜和潘梓年等前贤们坚守的马克思主义革命学风和严谨务实的学术品格内化为学术文化基因。学校继承优良学术传统，深入推进师德师风建设，改革完善人才引育机制，营造风清气正的学术氛围，为人才辈出提供良好的学术环境。入选“双一流”建设高校，是党和国家对学校70年办学历史、办学成就和办学特色的充分认可。“中南大”人不忘初心，牢记使命，以立德树人为根本，以“中国特色、世界一流”为核心，坚持内涵发展，“双一流”建设取得显著进步：学科体系不断健全，人才体系初步成型，师资队伍不断壮大，研究水平和创新能力不断提高，现代大学治理体系不断完善，国际交流合作优化升级，综合实力和核心竞争力显著提升，为在2048年建校百年时，实现主干学科跻身世界一流学科行列的发展愿景打下了坚实根基。

“当代中国正经历着我国历史上最为广泛而深刻的社会变革，也正在进行着人类历史上最为宏大而独特的实践创新”，“这是一个需要理论而且一定能够产生理论的时代，这是一个需要思想而且一定能够产生思想的时代”①。坚持和发展中国特色社会主义，统筹推进“五位一体”总体布局和协调推进“四个全面”战略布局，实现“两个一百年”奋斗目标、实现中华民族伟大复兴的中国梦，需要构建中国特色哲学社会科学体系。市场经济就是法治经济，法学和经济学是哲学社会科学的重要支撑学科，是新时代构建中国特色哲学社会科学体系的着力点、着重点。法学与经济学交叉融合成为哲学社会科学创新发展的重要动力，也为塑造中国学术自主性提供了重大机遇。学校坚持财经政法融通的办学定位和学科学术发展战略，“双一流”建设以来，以“法与经济学科群”为引领，以构建中国特色法学和经济学学科、学术、话语体系为己任，立足新时代中国特色社会主义伟大实践，发掘中国传统经济思想、法律文化智慧，提炼中国经济发展与法治实践经验，推动马克思主义法学和经济学中国化、现代化、国际化，产出了一批高质量的研究成果，“中南财经政法大学‘双一流’建设文库”即为其中部分学术成果的展现。

文库首批遴选、出版二百余册专著，以区域发展、长江经济带、“一带一路”、创新治理、中国经济发展、贸易冲突、全球治理、数字经济、文化传承、生态文明等十个主题系列呈现，通过问题导向、概念共享，探寻中华文明生生不息的内在复杂性与合理性，阐释新时代中国经济、法治成就与自信，展望人类命运共同体构建过程中所呈现的新生态体系，为解决全球经济、法治问题提供创新性思路和方案，进一步促进财经政法融合发展、范式更新。本文库的著者有德高望重的学科开拓者、奠基人，有风华正茂的学术带头人和领军人物，亦有崭露头角的青年一代，老中青学者秉持家国情怀，述学立论、建言献策，彰显“中南大”经世济民的学术底蕴和薪火相传的人才体系。放眼未来、走向世界，我们以习近平新时代中国特色社会主义思想为指导，砥砺前行，凝心聚

① 习近平：《在哲学社会科学工作座谈会上的讲话》，2016年5月17日。

力推进“双一流”加快建设、特色建设、高质量建设，开创“中南学派”，以中国理论、中国实践引领法学和经济学研究的国际前沿，为世界经济发展、法治建设做出卓越贡献。为此，我们将积极回应社会发展出现的新问题、新趋势，不断推出新的主题系列，以增强文库的开放性和丰富性。

“中南财经政法大学‘双一流’建设文库”的出版工作是一个系统工程，它的推进得到相关学院和出版单位的鼎力支持，学者们精益求精、数易其稿，付出极大辛劳。在此，我们向所有作者以及参与编纂工作的同志们致以诚挚的谢意！

因时间所囿，不妥之处还恳请广大读者和同行包涵、指正！

中南财经政法大学校长

目 录

第一章　引　言

一、研究目的

投资，是中国经济增长的重要引擎和驱动力。在企业经营层面，投资也有利于企业实现盈利水平和经营业绩的提升，帮助企业构建竞争优势（Teece，2007；Steinbach et al.，2017）。长期以来，为了保证经济持续、稳定发展，中国各级地方政府出台了一系列包括直接投资、减税、财政补贴、贷款贴息等在内的投资激励政策。政府直接投资是社会投资的重要组成部分；同时，包括减税、贴息在内的政府投资激励政策对带动社会加大投资有重要的示范作用。然而，无论是何种方式的投资激励政策，都会耗费一定的公共资源、进而形成公共管理支出成本。在这一背景下，系统评估政府投资激励政策的综合效应，针对性研究政府投资激励政策的优化路径就显得尤为重要。

在全球化竞争日益激烈的今天，营造健康的经济增长模式不应只追求投资金额数量上的增长，同时还应实现投资质量的不断改善、增进社会总福祉。在这一研究目标下，我们在本书的研究中将分别考察：第一，政府投资激励是否在宏观上有效地促进了经济增长；第二，政府投资激励是否在微观上有效地促进了企业生产率的增长；第三，以居民主观评价为基准，政府投资激励是否增进了社会福利水平；第四，中国现行投资模式存在哪些问题，并从“财政管理体制”和“官员知识与技能匹配”的两个角度切入，研究政府投资激励政策的优化路径问题。具体来说，本书的主要研究目标体现在以下四个方面：

（1）通过社会实验的政策评估方法，数量测度政府投资激励政策的宏观经济增长效应和微观企业生产率效应。同时，分别考察税收庇护、信贷补贴、直接投资等政府投资激励手段将影响经济增长的微观基础。

（2）以居民对政府的信任评价为切入点，实证评估政府投资干预如何影响社会福利水平。根据政府投资对居民福利的作用方向和影响程度，进一步探讨政府支出干预结构的优化方向。

（3）以中国式财政分权管理体制为基础，数量评估分税体制下地方政府行为如何影响地方经济增长模式、投资结构以及企业实际税负。进一步地，以实证评估结果为基础，规范性分析中国地方政府投资管理方式的优化路径。

（4）从地方官员管理团队的“知识背景”和“技能搭配”切入，实证检验地方主政者的知识技能多样性能否有效激励地方经济增长，同时地方主政者知识技能多样化对于地方投资结构会产生怎样的影响。基于研究结论，进一步从“公共管理”的视角研究地方官员治理机制的优化路径，最终提高地方政府投资激励决策的科学性。

二、研究意义

“稳增长、调结构、促平衡”是现阶段中国经济工作的重点，而保持经济稳定增长是经济工作的重中之重。自2008年金融危机以来，全球经济增速放缓；受到以美国为代表的国际保守政治势力的挑战，中国经济增长面临严峻的外部环境压力。从内部经济环境看，解决重工业产能过剩、提高经济发展的质量、促进经济结构向高端技术制造业的转型刻不容缓。中国经济实现优化发展的内在需求要求各级政府制定有效率的投资激励政策、切实降低企业实际负担，带动一批高质量投资项目的实施，提高投资政策的针对性和时效性，从而实现经济的平稳、健康发展。

进一步地，从投资结构的优化方向看，党的十九大报告明确提出“中国社会主要矛盾已经转化为人民日益增长的美好生活需要和不平衡不充分发展之间的矛盾”。这就决定了下一阶段，中国投资的方向不能仅向基础设施建设领域进行大量投资，同时也需要进一步增强向教育、医疗、环境等民生领域的投资。

政府投资激励是指包括了政府直接投资、减税、贴息等一系列促进社会投资和企业投资的制度组合。从分项的政府投资激励手段上看，不少研究对单项政府投资激励政策的经济效应（诸如基础设施投资的经济增长效应、减税对企业的生产绩效影响、财政补贴对企业发展的影响等）已经进行了有益的探讨。因此，区别于既有研究，我们将研究重点放在了实施“一揽子”投资激励政策的政府试点实验的经济效应评估上。具体来说，近些年来，地方政府越来越多地通过设立各式各样开发区、在开发区内实施“一揽子”投资激励政策来促进地方经济增长。本书以“批设成立经济（或技术）开发区”为政策实验，实证评估了政府投资激励对宏观经济增长和企业生产率的综合协同效应，并分项研究各类投资激励产生经济效应的作用机制。这一研究不仅有助于评估政府投资激励对地方经济增长的综合效应，从而找出政府投资激励制度的优化空间；同时也有利于考察地方政府通过批设成立经济技术开发区以促进投资和经济增长的政策激励方式是否存在制度瓶颈。

政府实施投资激励政策不单只有经济增长目标，通过激励社会投资提高居民福利水平是政府实施投资激励的重要目标。相较于既有文献多将研究视角放在投资激励政策的经济效应上，本书还将从社会福利效应的角度出发，实证评估政府投资干预政策如何影响居民福利，以及如何优化政府支出干预政策从而提高社会整体福利水平。这对于我们从“市场失灵”的角度规范分析政府投资激励优化路径提供了较好的经验证据，丰富了政府支出管理的福利经济学研究，同时也具有一定的实际应用价值。

最后，本书还将重点从财政分权体制和地方官员的视角研究导致政府投资激励困境的制度成因。这一研究有助于我们从实践上回答究竟如何优化现行投资激励政策，同时对于我国完善财税体制改革，加强政府公共治理也有积极的借鉴作用。

三、研究背景

（1）投资效率下降。根据国务院发展研究中心（2018）的测算，由于重工业部门的产能过剩问题，中国的投资效率在经济转型的过程中出现了较大幅度的下降。在 2010 年，中国每新增 1 元国内生产总值（GDP）只需要投资 4. 2 元，而 2015 年中国增量资本产出比为新增 1 元 GDP 需要投资 6. 7 元。投资效率不断下降的现实反映了社会投资在行业间和企业间的分配存在比较严重的资源效率配置损失；同时也意味着政府实施的投资激励政策与效率最大化目标之间已经存在偏差。事实表明，中国大量的地方投资因逐利动机向房地产行业集中，投资边际效率递减导致投资对 GDP 的贡献率不断下降。这一经济现实要求我们重点研究政府投资激励政策的经济配置效应，找到提高投资效率、优化投资资金配置，改善政府投资激励政策的政策空间。

（2）经济结构转型。中国现阶段正处于重要的经济结构转型调整期。经济体依靠既有成熟技术实现增长空间已经十分有限。重工业产能严重过剩、金融业过度繁荣、经济结构“脱实向虚”、房地产行业泡沫加剧，这一系列现象都说明，中国的经济已经进入了转换增长动力的关键时期。如果原有的经济结构已经无法适应经济健康发展的需要，转变经济增长结构就变得迫切。在经济转型的过程中，政府的投资激励导向将起到十分重要的作用。政府向哪个领域、哪个行业提供激励性优惠政策以及保护性措施，就会引导经济资源向相应的领域和行业进行资源再分配。可以说，政府投资激励对我国经济能否迈上更有质量、更有效率的新阶段将起到关键性作用。

（3）地方政府债务率攀升。不可否认的是，地方政府投资“生产性”领域和“建设性”领域一直是中国地方经济增长的重要支撑力。然而，伴随着分税制改革的不断推进，以及近些年来中国大力推行的各项减税降费政策，地方政府财力已经捉襟见肘。与此同时，财政预算用于基础设施建设的部分大幅缩减，以及地方政府出让土地的行为被进一步监管和规范。地方政府不得不转向通过隐性担保“城投债”和开展公私合作制（PPP）项目的方式来继续为地方建设融资、保持产出的稳定增长。然而，地方举债额度的节节攀升已经成了中国经济运行中的重要风险来源。在这一背景下，有效使用各类政府投资激励手段、引导资源的合理配置、进而提高投资效率，将是防范债务风险的中心环节。

（4）民生公共品投融资不足。长期以来，中国地方政府经济工作中心集中于生产性领域，对教育、医疗和文化体育等非生产领域的居民消费需求关注不够。在上述民生福利性生产领域，由于存在刚性的财政压力，地方政府存在生产激励不足、支出偏少的问题；同时由于民生性公共产品对人力资本的积极效用见效期间长，大多数民生性投资项目存在没有现金流或者只产生很少的现金流，政府投资资金无法及时收回等诸多问题，民生公共品投融资规模存在缺口。这就决定了政府投资结构存在进一步优化的空间，政府应充分创新民生性公共品融资机制，促进民生性服务发展。

四、文献综述

（一）基础设施投资的经济效应

政府投资激励比政府投资概念范围更广。政府投资激励是指政府使用一系列公共管理手段达到增加社会（含企业）投资的方式。它具体包括加大基础设施投资、减税激励、政府补贴、提供由政府担保的融资信贷优惠，以及改善投资环境质量等。通过财政预算内资金安排基础设施投资资金，或者是通过举债为地方基础设施建设融资，是政府直接投资最为重要的方式。不可否认的是，由于资本存量是经济增长的重要组成部分，基础设施投资对经济增长的贡献是显而易见的。凯恩斯（1936）认为，在社会总需求不足时，通过扩张性的货币政策和财政政策增加政府投资能够促进经济充分就业和稳定增长。Aschauer（1993）的研究表明，政府公共投资能够有效促进私人资本的生产率和投资回报率，促进地区经济增长。Bosca 等（2002）认为，基础设施投资有助于提高私人部门生产力，同时降低私人部门的生产成本。Munnell（1992）认为基础设施通过直接增加总产出、促进私人投资和提高就业率三个途径促进经济增长。贾俊雪（2017）认为，基础设施投资能够通过产品市场规模效应和金融市场挤出效应，影响企业的创新和要素配置，进而影响全要素生产率。郭杰（2010）利用国家预算内资金作为政府投资的衡量指标，使用 SVAR 的技术手段分析发现，政府投资对总需求的影响显著，而总需求又通过影响私人投资促进经济增长，研究建议政府投资向能提高居民消费的领域倾斜。政府以公共投资方式介入市场，基本目标之一就是改善资源配置效率，使得资本边际报酬率与劳动增长率达到动态均衡状态。Kneller 等（1999）实证发现公共支出每增加 1%，经济增长率提高 0.1%—0.2%；美国经常通过扩大基础设施投资进行反经济衰退调整。在这一过程中，产业结构升级和经济结构发展调整对政府公共投资经济产出效应有重要影响。石奇和孔群喜（2012）研究发现，中国投资率一直处于高位运行，但投资产出率并没有出现下滑的迹象，其根本原因是政府投资拉动形成的固定资产很大一部分作为公共支出投入到了基础设施和公共事业部门，通过“公共租金”的方式诱导了优势产业的发展，实现了促进产业间资源和生产要素的优化配置，提高了社会整体的资源配置效率。

然而，近些年来，不少研究认为，基础设施投资对经济增长的拉动力存在明显的门槛效应。增加政府投资可能挤占其他公共服务项目支出，如果政府投资形成的资本产出率下降，政府投资并不一定能够发挥凯恩斯投资乘数效应（A. Chen and N. Groenewold，2013）。廖茂林等（2018）实证检验了基础设施投资的增长效应。他们研究发现，自 2002 年以后，中国的基础设施投资对经济增长的拉动效应出现大幅度下降。其中重要的原因在于基础设施投资形成实际基础设施的能力降低。同时，基础设施投资主要依靠政府的直接投资，对民间投资存在基础效应，基础设施投资比重的提升加重了全社会的资本错配程度。Bougheas 等（2000）认为，基础设施如果能发挥促进经济增长的作用，就必须在结构和规模上能够匹配。如果基础设施建设的结构与规模不相匹配，基础设施对经济发展的促进作用就会下降。Barro 和 Sala - I - Martin（1992）认为，基础设施的使用一旦不再拥挤，新基础设施就难以继续提高私人生产效率。刘生龙和胡鞍钢（2010）通过检验基础设施对全要素生产率的影响，检验了中国基础设施的外部性。分析发现由于能源使用效率低，中国能源基础设施建设的经济增长溢出效应并不显著。Tomomi Miyazaki（2009）利用结构方程模型对日本中央政府投资和地方政府投资的反周期性效应进行实证检验。他发现中央政府投资对工业产出有持续的促进作用，但是地方政府投资并未呈现积极的反周期性，地方政府投资缺乏效率导致了地方政府债务规模的不断膨胀。中央政府直接投资于全国性基础设施建设，而地方政府主要投资住房、环保等消费性公共服务领域，地方政府投资对私人消费的“挤出”是造成上述结果的主要原因。Zheng 等（2013）基于中国经验数据的研究也发现，在投资决策上中央政府更能考虑并实现效率和公平的平衡，从而实现持续性的产出效应，而地方政府显然不具备这一优势。建立在锦标赛理论基础上对官员政治晋升激励的解释认为，为争夺流动性要素流入，地方政府不仅会竞相在基础设施硬件建设上加大投入，还会在税收上给予优惠；然而，政府间纵向竞争无法纠正横向竞争之间“恶性”的逐次竞争结果，政府间横向竞争格局主导下市场分割和保护主义不利于市场资源优化配置（Li and Zhou，2005；李明等，2014）。吕炜和许宏伟（2012）认为，不可持续的土地财政模式在短期内促进了经济增长，但不利于产业结构优化、市场资源配置和平衡房地产供求关系，长期内加剧了经济波动，不利于经济增长。中国经济增长前沿课题组（2011）研究认为，为城镇化融资的地方政府性债务导致地方财政宏观风险不断累加，可持续发展模式面临巨大的挑战。

（二）减税激励

一直以来，减税激励被各国视为一种重要的反周期宏观政策，能够促进企业投资。刘启仁等（2019）使用 2014 年固定资产加速折旧的税收优惠进行政策实验，实证分析了税收优惠对企业固定资产投资行为的影响和作用机制。他们的研究发现，固定资产加速折旧的税收优惠政策显著促进了企业的固定资产投资，尤其是受到信贷约束的企业的长期类固定资产投资的增加。Djankov 等

（2010）基于跨国数据，考察了所得税负对企业家精神的影响。他们的研究发现，企业税负的提高会降低企业家的创新精神，通过减税可以推动创新、增进创业。House 和 Shapiro（2008），Zwick 和 Mahon（2017）基于美国固定资产折旧税收优惠政策冲击，研究发现减税显著促进了固定资产投资，他们的研究为通过减税提升投资需求提供了证据。聂辉华等（2009）、许伟和陈斌开（2016）研究都发现，增值税转型改革促进企业扩大了投资。Liu 和 Lu（2015）研究了“增值税转型改革”减税对企业出口的影响。他们研究发现，减税促使企业加大了投资并提高了企业的全要素生产率，这一改革形成了企业的竞争优势有利于企业扩大出口。马双等（2019）同样以“增值税转型改革”为准自然实验，实证研究了减税对企业活力的影响。他们的研究表明，减税显著提高了企业的活力；最优税率应该介于 18.3%—23%。李明等（2018）以“企业所得税分享改革”为准自然实验，采用断点回归的技术实证研究了减税的经济效应。他们的研究表明，税率每下降 1%，企业劳均增加值提高 3.2%。申广军等（2016）使用全国税收调查数据库，从微观的角度实证研究了增值税实际税率下降能否提振经济。他们的研究表明，减税在短期内可以提高总需求，在长期内改善了供给效率。具体而言，降低增值税有效税率短期内会刺激企业的固定资产投资，这一经济效应对于私营企业、中西部地区和非出口企业尤为明显；同时，减税可以提升供给效率，国有企业、东部地区和出口企业的资本和劳动产出效率明显增强。李永友和严岑（2018）基于“营改增”改革，实证发现，服务业“营改增”的减税效应带动了制造业以生产率提升为标示的转型升级。付文林和赵永辉（2014）检验了减税对企业融资约束和投资结构偏向的影响，研究发现，税收负担对企业投资存在明显的制约作用，税收优惠政策是激励企业投资的有效政策工具，并且税收激励对企业权益类投资的促进作用要大于固定资产类型投资。

然而，也有研究认为，税收激励政策能否带来企业价值的上升值得商榷，这与企业税收筹划活动中适用规则的规范性和信息不对称有紧密关联。刘行和李小荣（2012）认为地方国有企业的“金字塔”治理结构能够帮助其降低税负，而税负的提升提高了企业的市场价值并带来了显著为正的积累超额回报。Desai 和 Dharmapala（2009）研究发现，企业激进的税收活动并不一定带来企业价值的提升，税收负担的减少能否提升公司价值取决于企业的治理效果。

（三）政府对企业实施股权投资

Holland（2019）以“政府投资上市公司”事件为基础，研究了政府投资对企业的财富增长效应。他的研究发现，政府宣布对企业进行投资会带动企业股票平均价格的上涨。但是如果政府投资者带有政治目的，则政府投资对目标企业的影响是负向的。Borisova 等（2015）以“政府收购上市公司股权”为投资事件背景，研究了政府投资对企业债务的影响。他们的研究发现，当政府对企业控股股份越高，企业的债务成本也会提高，这一现象在内资企业的子样本中体现得尤为明显。

（四）投资环境质量

现实生活中，影响企业投资的硬件设施因素和软件设施因素都主要是由政府机构来完成，因此，政府治理机制和治理环境将会对企业投资产生重要影响（焦豪等，2017）。好的政府廉洁而高效，可以提供充足的产权保护，企业的投资水平也就比较高。焦豪等（2017）研究发现，政府质量对企业投资有显著的正向促进影响，企业所在地政府质量越高，企业净利润中用于投资活动的比例就越高。此外，政府质量越高，越能保障“两权分离”下各方的利益，以促进企业投资。曹春方等（2018）研究了公司投资层面的“家乡偏好”问题。在投资的过程中，官员更倾向于把资源向家乡和选票地进行倾斜，扩大转移支付，以此导致偏袒地区更高的经济增长（Hodler and Raschky，2014；范子英等，2016；曹春方等，2017）。申广军和邹静娴（2017）利用企业投资环境的调查数据，研究了企业规模、政企关系对于企业实际税率的影响。他们的研究发现，企业与政府良好的“关系”有助于企业降低地税局征收相关税种的实际税率。王凤荣和苗妙（2015）研究了企业异地并购的主要动因，他们的研究发现，目标公司所在地的环境优势会吸引并购企业的投资、影响企业各项资源的整合绩效。李玉梅等（2016）从“外商撤资”的角度研究了投资环境对吸引外部投资的重要性。研究发现，投资环境对外商投资企业撤资决策有最为重要的影响。曹春方等（2015）研究了“信任环境”这一非正式制度对公司“投资—现金流”敏感性的影响。他们的研究发现，信任环境在公司治理较弱时发挥了良好的替代作用。具体来说，较好的信任环境可以降低民营企业经理人代理问题，使民营企业对“投资 - 现金流”敏感性降低。

（五）财政贴息激励

财政贴息方面，Bernard 和 Jensen（2004），Volpe 和 Carballo（2008）认为政府的生产性财政补贴等起到了搜集市场信息、降低国际市场进入门槛的作用。Gog（2008）指出，如果政府的财政支出计划能够有效地帮助企业提高企业生产率，则可以更好地帮助企业成长。苏振东等（2012）使用2003—2007年58649个中国制造业企业的微观样本，分别采用Logit和PSM分析技术验证了政府生产性补贴对中国企业进出口行为的影响；研究发现生产性补贴对中国制造业企业起到了十分显著的正向促进作用。Helmers和Trofimenko（2010）认为，政府为了扩大企业生产给予的生产性补贴是耗费成本的，补贴政策直接加大了政府的财政负担，提高了政府的财政赤字水平；另外，政府补贴分配政策的制定很难监管，容易导致官员的寻租行为，进而削弱政府投资激励政策的有效性。张杰等（2015）的研究表明，在知识产权保护程度比较弱的环境中，政府创新补贴政策能够促进企业私人研发能力的提升。同时，贷款贴息型的政府创新补贴政策对私人研发产生了显著的挤入效应，而无偿资助型的政府创新补贴政策则不能促进企业私人研发的提升。杨洋等（2015）从所有制的角度研究了政府补贴对企业创新的影响。他们认为，相比国有企业，政府补贴对民营企业创新绩效的促进作用更大；政府补贴对企业创新绩效的积极影响主要来自要素市场扭曲较大地区的企业；此外，所有制对政府补贴和企业创新绩效的调节作用还依赖于要素市场的扭曲程度。任曙明和吕镯（2014）使用了中国装备制造业企业的数据，实证检验了政府补贴对企业全要素生产率的影响。他们研究发现，平均而言，政府补贴的平滑机制促进了装备制造企业生产率的平稳持续增长。

但也有不少研究认为政府贴息（或补贴）不一定能够有效激励企业发展。罗雨泽等（2016）研究认为，政府补贴对企业生产率并没有显著的促进作用，并据此认为政府主导的研发投入模式与实际生产需要结合度不够。王红建等（2014）的研究发现，在金融危机后，上市公司更倾向于使用负向盈余操纵来获得政府补贴。但是当公司获得更多的补贴后，会降低政府补贴的边际价值；且政府操纵程度越大，政府补贴边际价值越低。陈德球等（2012）检验并分析了政府质量对投资和资本配置效率的影响机制。他们认为，分权、分税格局下，地方政府间横向经济竞争激烈，地方政府的主要激励是促进地方经济增长，因此地方政府有强烈的供给对企业投资进行干预。良好的政府投资激励政策应该是通过良好的公共治理和高效的公共服务，帮助企业捕获市场投资机会，缓解企业融资约束并提升企业资源配置效率。余明桂等（2010）研究认为由于存在寻租效应，地方政府财政补贴效应不强。地方政府基于政治联系的财政补贴支出扭曲了资源的有效配置、降低了社会的整体福利水平。

五、研究问题的提出

城镇化是市场经济发展的自然结果，现阶段中国快速城镇化带有较为典型的政府主导型特征。基于上述背景，需要重新审视政府直接投资及相关政府引导性投资激励政策是否具有积极的宏观和微观增长效应。在中国过去几十年的快速发展中，基础设施投资拉动是中国经济快速增长的动力源，转轨过程中长期保持高速增长主要源于政府引导的高资本积累率，地方政府基于经济竞争激励下的投资贡献占据主要地位。随着政府职能转变和公共财政体制改革的推进，一般性公共预算支出已经不再列支基本建设投资，但政府投资力度并未缩减，相反政府投资激励手段仍广泛存在并有不断强化的趋势。

地方政府经常使用的投资激励手段包括：为吸引投资低价出让工业用地；“变相”提供区域性税收优惠政策、财政补贴及税式支出，通过信贷、担保、融资优惠等吸引资本等生产性要素流入；以及为地方融资平台的债务提供担保扩充地方政府投资性资金、激进举债大兴基础设施建设等。无论是税收优惠、土地财政融资抑或政府借债建设等投资激励政策，取得经济效应的同时也都广受“诟病”。政府间无序竞争导致的低效率粗放发展模式、地方保护主义、市场分割，以及大规模举债造成潜在的财政运行风险，都增加了人们对政府出台投资激励政策有效性的担忧。政府投资激励手段是否产生了长期、稳定、良好的宏观经济效应？微观企业和居民对政府投资激励政策会做出怎样的反映？既有研究的系统评估和分析并不全面，也尚未得到一致的答案，而这都成了本书需要研究的重点问题。

1994 年分税制改革以来，中国的财税体制发生了数次重大改革。然而，分税、分权格局的存续，意味着地方政府在经济竞争压力驱动下，将多元化制定投资激励政策、鼓励地方经济发展。税收优惠、生产性补贴、投融资担保等表外投资激励工具的使用，需要我们跳出仅以考虑“财政预算内基本建设支出”作为政府投资效应测度和分析基石的视野，转而综合评估地方政府投资激励政策的经济增长和社会福利效应。地方政府投资激励政策也会显著影响企业和个人等微观主体的经济绩效和行为反应，政府投资激励政策效应在不同环境下的影响机制也存在差异。因此，我们的研究目标是探讨在中国“压缩型”高速城市化背景下，地方政府使用多重投资激励工具是否有效？如果政府投资激励政策产生了积极的宏观、微观经济效应，那么它的内在传导机制究竟是怎样的？我们又应该如何优化政府投资管理机制设计？本书的研究具备应用和理论两个方面的实际价值：

一方面，从实际应用价值来看，首先，全面评估政府投资激励政策对宏观经济、各微观主体经济绩效和行为评价的影响机制，将有利于更好地厘清新经济态势下地方政府投资激励政策的真实影响，并为政府投资的防范和调控机制设计提供依据。自 2008 年金融危机以来，地方政府大规模发行地方债务、非规范制定“隐性”的税收优惠政策、大量低价出让国有土地等投资激励政策，已经成为中国城市化推动经济增长的主要模式，因此全面审视并评估地方政府投资激励的真实效应并厘清传导机制，对制定切实有效的调控措施和防控地方财政运行风险具有实践意义。其次，本书的研究将对中国有效推进城市化、提高微观企业经营效率和技术进步具有借鉴意义。城市化健康发展的基础是企业生产效率和技术创新水平的稳步提高，而政府投资激励政策作为政府干预市场资源配置的机制载体，是否有利于增进微观企业的可持续发展，是否促进了微观企业的内生增长动力，这一点至关重要。作者在本书中基于微观实证、全面评估政府投资激励政策对企业绩效的影响及其传导机制，这一研究无疑有利于夯实持续、稳健推进城镇化的微观运行基础。再次，本书的研究对改善居民福利，增进居民与政府间互信，积累城镇化进程的社会资本都具有实践价值。各级地方政府在大力推进城镇化进程中发生了不少与社会和谐有违的信任危机事件，诸如土地拆迁、环保、卫生、食品安全等，这些都质疑并拷问着政府投资激励政策介入市场的社会福利效应。本书的研究基于入户微观数据考察政府投资激励政策的干预对居民政府信任的影响及其作用机制，这有利于我们有序推进“以人为本”的城镇化进程、稳步实施并完善政府投资激励政策的制度政策设计。最后，本书的研究对优化经济分权体制下政府间财政关系，规范地方政府的经济竞争秩序提供了可靠的经验参考。晋升压力下导致的经济竞争，在产生制度红利的同时也越来越多地带来了负面的经济和政治效应。本书的研究从税收和支出两端研究规范地方政府间投资竞争的内在理论逻辑，并基于对既有制度的数量评估提供优化设计方案，这对深化财税体制改革以及横、纵向财政关系的优化调整具有参考价值和意义。

另一方面，从理论价值来看，第一，政府投资激励政策是政府干预市场经济的载体，政府投资意愿通过税收和支出等方式的介入，对社会有效需求和有效供给都将产生显著影响，因此，本书的研究将对凯恩斯需求理论、供给理论、投资乘数效应、投资挤出效应、政府与市场的效率边界划分等理论进行验证和完善，并提供来自中国的经验证据。第二，地方政府投资激励政策的实施具有典型的中国特色，经济分权下的区域竞争是导致地方政府投资激励政策策略性互动的主要驱动力。因此，本书的研究将对财政分权和政府间财政关系理论进行检验并提供证据。第三，本书的研究将为政府投资干预理论提供福利经济学证据。第四，本书将广泛运用公共政策改革构成准“外生”的自然实验，准确地识别和研究地方政府投资激励政策对市县、企业以及居民等各微观市场主体经济绩效的影响效应及传导机制。第五，通过对税收、支出等政府投资激励政策的效应评估和理论传导机制研究，有助于从理论上帮助形成优化地方政府投资管理体制的总体思路。

六、研究内容和设计

本书的主要研究目标是从县市、企业和居民三个层面，评估地方政府投资激励政策的经济效应和福利改进效应；继而在政策效应评估的基础上，从激励性税收制度优化和政府投资支出激励制度优化两个端头，提供政府投资管理体制的优化路径方案。

根据研究目标，项目研究内容主要包括五个实证版块。具体如下：

在第一部分实证内容中（即第二章），我们将基于县级数据，实证评估政府投资激励政策对县域经济增长、产业增长和生产要素回报率的影响，并探讨其内在传导机制。我们具体运用的技术分析方法包括准政策实验分析方法（Quasi-Experiment Analysis）、面板数据倍差法（Panel-DID）和倾向得分匹配分析方法（PSM）。

在第二部分实证内容中（即第三章），我们将基于企业微观数据，实证评估政府投资激励政策对企业生产率改进和技术创新的影响，并探讨内在传导机制。我们具体运用的技术分析方法包括基于面板数据的准政策实验分析方法和倾向得分匹配分析方法。

在第三部分实证内容中（即第四章），我们将基于入户调查的微观家庭数据，实证评估政府投资干预对居民福利效应的影响及内在作用路径。我们具体运用的技术分析方法是基于面板数据的排序多元选择离散模型（Order Multiple - Choice

Discretionary Model）和工具变量二乘估计方法（IV）。

在第四部分实证内容中（即第五章和第六章），作者重点探讨了中国分税制模式对地方经济增长、投资模式以及公司实际税负的影响。基于经验的实证评估结果，作者重点探讨了地方政府间税收竞争激励的内在运行机制，并从财政支出和税收征纳等政府管理体制上提供政府投资激励政策的制度优化方案。在这一部分，我们具体运用的技术分析方法是基于面板数据的倍差法模型。

在第五部分的实证内容中（即第七章），作者从政府行政管理体制出发，选取了“地方官员知识技能匹配”的研究视角，实证评估了地方官员知识背景的匹配结构对地方经济增长以及投资结构的影响，从而探讨如何优化行政管理体制、有效制定政府投资激励政策。

第二章　政府投资激励的经济增长效应评估

一、政府投资激励经济效应的理论基础

（一）政府投资激励政策的实施背景

中国城镇化具有典型的“政府主导型”特征，过去几十年中地方政府基础设施投资成为经济快速增长的重要力量；经济竞争攀比机制下政府投资激励政策诱导产生的高资本积累率也是促进经济快速增长的重要因素（Jin and Zou.，2005；傅勇，2010）①。随着政府职能转变和公共财政体制改革的推进，一般公共预算支出已经不再列支基本建设投资，但政府投资激励强度并未削减。诸多政府投资激励政策包括较低价出让国有土地、地方性税收优惠、地方性专项财政补贴以及依靠地方政府性债务进行基础设施投资等政府行为仍广泛存在。

（二）政府投资激励产生经济效应的理论基础

政府投资激励政策在地方政府创造经济增长绩效的过程中扮演了重要的角色。从积极因素看，政府投资激励有利于扩大社会有效需求、促进资本形成、激励技术创新，创造集聚下的公共品外溢效应。从不利因素看，政府投资激励会挤出私人投资、推高利率、逆向刺激企业产生保护预期进而降低企业生产积极性。宏观上，政府投资激励分为两种类型：一种为政府直接实施基础设施投资，另一种是提供诸如税收优惠、地方专项补贴等投资激励性政策。以下，我们将从不同的政府投资激励工具来依次分析政府投资激励产生经济效应的理论基础。

政府直接投资激励的经济效应方面，经典的经济增长模型指出，实际 GDP

① 据《上海证券报》报道，2015 年地方投资盛宴再度开启，14 个省份投资规模逾 15 万亿元，超过 2014 年全国财政收入总额。

增长率取决于技术增长率、资本增长率和人口增长率，政府投资是影响资本形成的最主要的因素；当私人投资无法有效促进经济增长时，政府投资介入干预。Aschauer（1993）指出政府公共投资如果能有效提高私人资本的边际生产率则有利于地区经济增长。Kneller 等（1999）实证发现公共投资性支出每增加 1%，经济增长率提高 0.1%—0.2%，研究进一步认为，政府以公共投资方式介入市场的基本目标是改善资源配置效率，使得资本边际报酬率与劳动增长率达到动态均衡状态。传导机制上，郭杰（2010）利用国家预算内资金作为政府投资的衡量指标，使用 SVAR 技术分析发现，政府投资对总需求的影响显著，扩大的总需求通过影响私人投资促进经济增长，研究建议政府投资向提高居民消费的领域倾斜。石奇和孔群喜（2012）研究发现，中国投资率一直处于高位运行，但投资产出率并没有出现下滑的迹象，原因在于政府投资拉动形成的固定资产很大一部分作为公共支出投入到了基础设施和公共事业部门，通过“公共租金”的方式诱导了优势产业的发展，实现了促进产业间资源和生产要素的优化配置，提高了社会整体的资源配置效率。盛丹和王永进（2013），Wang（2013）则从“集聚外部性”的角度提供了政府直接投资激励正向效应的经验证据，研究认为，政府大规模的基础设施投资本质是为产业集聚创造良好的外部环境，产业集聚创造的“金融外部性”“技术扩散”和“基础设施网络效应”显著提高了企业信贷资源配置效率并降低了企业的生产成本，这有利于推动产业结构升级、拉动经济增长。还有研究认为，依靠土地资源融资和地方政府性债务的基础设施投资是支持城市扩张的基础，不仅支撑了城镇化的基础设施投资，并且培育了集聚经济，在促进经济增长的同时也有利于企业充分享受集聚外部性（杜雪君等，2009；Henderson，2003）。

另一些研究则认为，政府直接投资激励不利于经济增长，其中“投资效率”“挤出效应”和“福利损失”是主因。有研究认为，增加政府投资过度挤占了其他公共服务项目的正常支出，政府投资的资本产出率会下降，政府投资并不一定能够发挥凯恩斯投资乘数效应（Chen and Groenewold，2013）。刘生龙和胡鞍钢（2010）研究发现，由于能源使用效率偏低，中国的能源基础设施的外溢效应不显著。政治晋升激励学派的解释认为，为争夺流动性要素流入，地方政府竞相在基础设施建设上加大投入，而疏于控制政府投资规模急剧膨胀导致的宏观经济风险，地方政府横向无序“追高”竞争激励容易形成重复建设，其引致的地方保护主义也不利于发挥地方生产比较优势并整体做出资源优化配置（Li and Zhou，2005；李明等，2014）。“挤出效应”方面，Miyazaki（2009）利用结构方程模型对日本中央政府投资和地方政府投资的反周期性效应进行了实证检验；发现地方政府投资并未呈现积极的反周期性效应，反而导致了地方政府债务规模不断膨胀；地方政府投资住房、环保等消费性公共服务“挤出”私人消费是主要原因。“福利损失”方面，李稻葵等（2012）利用逆积分的计算方法，分别使用境内投资率和国民投资率两个指标，测度了中国国民投资率损失，模拟结果表明，中国国民投资率偏高并且导致了每年3.8%的GDP福利损失。还有研究认为，依靠土地财政的城镇化模式短期内促进了经济增长，但长期来看不利于产业结构升级、资源配置和房地产市场的供求均衡；此外地方政府性债务规模不断膨胀加剧了地方财政宏观风险，助长了经济波动风险（吕炜和许宏伟，2012；中国经济增长前沿课题组，2011）。

“税收激励”和“生产性财政补贴”等投资激励政策对宏观经济增长的影响也不尽相同。税收使政府成为所有企业最大的“小股东”，税收优惠政策是激励企业投资的有效政策工具（Desai et al.，2007）。减税直接降低了企业的生产成本、增加了企业的流动资金和现金流，有利于企业进行创新和成长。付文林和赵永辉（2014）检验了税收激励对企业融资约束和投资结构偏向的影响，研究发现税收负担对企业投资存在明显的制约作用，并且对企业权益类投资的促进作用要大于固定资产类型投资。刘行和李小荣（2012）认为企业降低税负有利于提高企业的市场价值并带来了显著为正的积累超额回报。周业安（2003）研究认为，包括税收竞争在内的地方政府间经济竞争带来的短期增长效应十分明显。

生产性财政补贴上，Bernard和Jensen（2004），Volpe和Carballo（2008）认为政府的生产性财政补贴等起到了搜集市场信息、降低国际市场进入门槛的作用。Gõg等（2008）进一步指出，如果政府的财政支出计划能够有效地帮助企业提高企业生产率，则有利于企业价值成长。苏振东等（2012）使用2003—2007年58649个中国制造业企业的微观样本，分别采用Logit模型和PSM模型验证了政府生产性补贴对中国企业进出口行为的影响，研究发现生产性财政补贴对中国制造业企业出口有十分显著的正向促进作用。Volpe和Carballo（2008）研究发现，地方政府专项补贴激励对企业研发呈现正向激励作用。

然而另一支研究认为，政府投资激励性政策的经济效应受制于其他制度因素。税收激励政策能否带来企业价值的上升，与税收筹划活动中适用规则的规范性和信息不对称紧密相关。宏观上，标尺竞争压力下辖区间政府为争夺以资本为主的流动性资源，策略性降低实际税率并竞相给予企业地方性专项财政补贴吸引资本流入，这种粗放式竞争方式更多地导致了内外部资源间的不公平待遇，干扰了市场资源配置效率并降低了企业生产率（李永友和沈坤荣，2008；任曙明和张静，2013）。Desai 等（2009）研究发现，企业激进式税收活动并不一定带来企业价值的提升，降低企业税负能否提升公司价值取决于企业治理结构。专项补贴上，Helmers 和 Trofimenko（2010）认为，政府为了扩大企业生产激励支付的生产性补贴是耗费成本的，它直接加重了政府的财政负担，提高了政府的财政赤字水平；而且政府补贴分配政策很难得到有效监管，容易滋生官员的寻租行为，削弱政府投资激励政策的有效性。余明桂等（2010）进一步认为地方政府财政补贴的分配过程容易受到寻租和政治关联影响，扭曲了有限资源的有效配置。简泽和段永瑞（2012）研究提出，竞争策略对于促进企业生产率增长十分重要，如果政府投资激励政策遵循竞争增强路径，则有利于企业生产率的提高；但如果是以保护政策为主，则并不利于提高企业效率。

（三）政府投资激励效应评估的建模思路

既有研究对于政府投资激励的宏观经济效应评估并没有取得一致的答案。更进一步地，很少有研究关注过政府投资激励政策的综合协同效应。在本书的研究中，我们使用县批设成立“省（或以上）经济技术开发区”的政策试点作为衡量政府投资激励政策的实验变量，并据此检验政府投资激励的经济增长效应。这样做的好处在于，地方政府在经济技术开发区内会实施“一揽子”投资激励政策，从而有利于我们评估政府投资激励政策的综合协同效应。现阶段，各地方政府仍在积极申请并实施各种类型经济实验区的申请和批设工作，通过上述实验窗口检验政府投资激励的宏观经济效应具有现实意义。批设经济技术开发区投资激励改革在吸引外商直接投资、推动产业集聚以及促成制造业基地等方面发挥了显著的积极效应。但是，区域经济竞争机制下导致的开发区新增投资边际效应下降、土地财政瓶颈凸显、产业结构同质现象严重和服务业发展明显滞后等问题同样突出。

具体来说，我们借助了一项政府投资激励的政策实验，即批设“经济技术开发区”作为观察政府投资激励效应的实验指标，更为准确地测度了政府投资激励的宏观经济增长效应。我们进行的主要工作有：第一，以县批准设立省（或以上）经济技术开发区（含高新技术开发区）作为政府投资激励的“政策实验”评估指标，从经济增长、产业结构优化、要素回报等多方面测度了地方政府投资激励的经济效应。第二，采用县级数据与工业企业数据的匹配分析，提供了政府投资激励宏观经济效应的微观作用机制，克服了使用省级数据进行实证研究中存在的诸多的识别问题。第三，分别从动态趋势、批设方式差异和集聚创造效应等方面进行异质性检验，采用倾向匹配得分和单一时间维度的双重倍差技术提供稳健性经验证据。

二、政府投资激励经济效应的评估方法

（一）基于政策实验的指标设计

批设经济技术开发区是政府充分发挥投资激励的示范和引导作用，带动区域经济发展的重要制度设计。经济技术开发区的经济目标是通过“开展外引内联，加大投资强度，推进科技进步，重点培植有利于经济发展的支柱性产业的发展，园区以开办技术先进的工业项目为主，带动相应第三产业的发展”①。

中国批设省（或以上）经济技术开发区经历了四个阶段：第一阶段（1984—1990 年），国务院批准在沿海建立了 14 个国家级经济技术开发区。第二阶段（1992—1998 年），高速发展时期，各省、地市、县开始申报并筹建经济技术开发区，大量经济技术开发区和高新技术开发区相继成立。第三阶段（1999—2002 年），这一阶段经济开发区的申请和创立步入稳定发展时期，新设经济技术开发区数量增长并不明显，主要以既有经济技术开发区自我发展为主。第四阶段（2002 年至今），这一阶段（尤其是在 2006 年）国务院开始整顿、清理并整合经济技术开发区，通过对经济技术开发区的资质审核，取缔一批没有达到质量标准的经济开发区，符合资质的继续保留或者破格升级成为省（或以上）经济技术开发区，原则上不轻易新设省（或以上）经济技术开发区。

在赋予经济技术开发区自主管理权限的基础上，经济技术开发区的政府投资激励手段通常包括但不限于：其一，政府投资进行基础设施建设或者鼓励投资者在开发区经营成片土地、兴建并经营供水、供气、供电、通信、道路等基础设施，园区给予土地出让金价格优惠，吸引企业进入经济技术开发区形成集

① 摘抄自《GZ 省级经济技术开发区试行办法》。需要说明的是，这一表述在大部分省经济技术开发区管理办法中均有出现，具有一般性。

聚效应。其二，实施税收减免政策优惠条件，吸引生产要素流入、促进地区经济增长。以 GZ 省为例，开发区的税收优惠政策包括：（1）开发区开办企业从事生产、经营所得和其他所得实际入库按照 15% 的优惠税率计征企业所得税，超过沿海特区优惠政策部分全额返还；从事基础设施开发经营企业、生产性行业企业、生产性出口行业企业以及服务性行业企业在规定年限内免征企业所得税；境外投资者从企业所获利润，从企业的外汇账户自由汇出境外，免征所得税。（2）开发区内新开发的高新技术产品，经过相关部门审核批准，自销售之日起，1—3 年内全部返还增值税；开发区内“三资”企业和经特许的企业进口自用的生产设备、建筑材料、办公设备物品免征关税和工商统一税；开发区内企业专为制造外销产品而进口的原材料和零配件，免征进口关税、消费税和增值税；开发区内企业生产的出口产品，除国家限制出口的产品外，免征关税和工业环节的增值税、消费税和工商统一税。（3）开发区内中外合资经营企业合营各方，将企业分的利润用于再投资、为期 5 年以上的，经核准退还再投资部分已纳所得税 40% 税款，如果投资用于开发区内基础设施和产品出口企业、先进技术企业，全部退还再投资部分已纳所得税税款。（4）在开发区工作的外国人员和港澳台地区人员的工资、薪金所得，减半征收个人所得税等。其三，扩大企业生产经营权限。开发区内的中外合资经营企业、中外合作经营企业、外商独资经营企业和外商持有 25% 以上股份的股份制企业有进出口权，允许有进出口权的省内外贸企业在开发区内建立进出口公司，负责代理开发区内无进口权企业的进出口业务。

基于经济技术开发区资质认定标准的规范性，并考虑到县级政府对地市级政府可能存在较强的政治游说能力，为了更好地克服内生性问题，这里采用了与县级政府行政层级关联度较远的省及其以上经济技术开发区。研究最终选择县级政府（含县级市）批设建立省（或以上）经济技术开发区（含高新技术开发区）作为政府投资激励的政策实验指标。我们的研究一共整理了除北京、天津、上海、重庆四个直辖市以及西藏自治区、新疆维吾尔自治区和内蒙古自治区三个少数民族自治区之外的 24 个省（区）县级政府批设省（或以上）经济技术开发区（包括高新技术开发区）的信息①。经济技术开发区数据资料来自《中国开发区网》收集的“省级开发区”和“国家开发区”名录资料。通过将经济

① 这样的做法是基于行政管理体制的差异性以及剔除政治维稳因素的考虑。

技术开发区所属县信息与“百度地图”显示经济技术开发区的地理信息进行匹配，识别经济技术开发区归属的县①。经济技术开发区的详细资料来自于各地方政府的门户网站。需要说明的是，样本中有少量经济技术开发区的资料和信息是缺失的，这里删除了此类样本，删除占比不到总样本的5%，不存在严重的选择性偏误。当然经济技术开发区地理规模小于县域地理规模，模型可能既测度了批设经济技术开发区的直接效应又测度了其外溢效应，但由于不存在系数的高估，研究结论依然是可信的。

从区域分布状况来看，除未统计的西藏、新疆和内蒙古三个西部省份外，东部省份和中部省份中县政府被批设省（或以上）经济技术开发区的比例高于西部省份。其中，江苏、浙江、山东、江西、湖北、湖南等省均有超过40个县被批准设立了省（或以上）经济技术开发区。而大部分西部省份诸如四川、贵州、云南、陕西等，批准设立省（或以上）经济技术开发区的县一般没有超过10个，见表2－1。

表2－1　经济技术开发区（含高新区）批设时间统计信息（2002—2010年）

单位：个

地区	县（市）建立省（以上）开发区数量	批准时间		
		1988—1998年	1999—2006年	2007年至今
河北	23	10	13	—
山西	8	2	6	—
辽宁	10	2	8	—
吉林	15	8	7	—
黑龙江	13	1	12	—
江苏	45	25	20	—
浙江	45	28	17	—
安徽	42	2	40	—
福建	28	5	23	—
江西	61	4	52	5
山东	77	29	48	—

① 这里的县还包括县级市，下面如无特殊说明，定义与此相同。

续表

地区	县（市）建立省（以上）开发区数量	批准时间		
		1988—1998 年	1999—2006 年	2007 年至今
河南	4	1	3	—
湖北	42	15	25	2
湖南	45	25	20	—
广东	22	15	7	—
广西	9	4	4	1
海南	2	1	1	
四川	9	2	4	3
贵州	8	3	5	—
云南	7	3	4	—
陕西	3	1	2	—
甘肃	18	2	16	—
青海	1	—	1	—
宁夏	4	—	4	—
合计	541	188	342	11

从表格的数据分析上看，1998 年之前县级政府批准设立经济技术开发区的数量大约占到样本总数的 35%，该阶段东部省份沿海县和中部省份部分县批设经济技术开发区的比例较高。1999—2006 年期间是县批设成立经济技术开发区的又一高峰时段，2006 年间被批设的数量最多，占到该时段批设总数的近 75%，这一阶段主要以东部非沿海县和中部大部分县建立省（或以上）经济技术开发区为主，西部县也开始逐步批设成立省（或以上）经济技术开发区。2007 年后县批准设立经济技术开发区的数量减少，批设地区主要以西部县为主。

（二）其他指标设计

研究主要考察政府投资激励对县域经济增长、产业结构以及生产要素回报率的影响。根据研究思路，这里选取的被解释变量包括：（1）人均实际 GDP，以 1990 年 GDP 平减指数为基础，以当年实际 GDP 除以年底人口数。（2）产业增加值，以当年实际产业增加值除以年底人口数，平减方式同上。（3）资本使用率，使用当年GDP比上当年固定资产投资额；劳动报酬率，使用当年在岗职工人均实际工资。(4) 从工业企业数据库筛选的微观指标包括单位资产工业增加值、单位劳动力工业产出值，单位资产经营利润率，雇用人数和企业生产率。选取的解释变量包括：固定资产投资率，衡量方式为当年固定资产投资除以当年GDP。消费率，衡量方式是社会消费零售总额除以当年GDP。政府支出规模，衡量方式是当年人均实际财政支出。①

（三）估计模型

我们的研究目标是评估政府投资激励的宏观经济增长效应，因此，我们设定基本回归方程如下：

$$Y_{itp} = a_i + r_t + \mu_p + \delta Grant_{itp} + \lambda Control_{itp} + \varepsilon_{itp} \quad (2-1)$$

其中，Y为宏观经济增长指标；$Grant_{itp}$表示某县当年是否批准设立了省级（或以上）经济技术开发区，如果当年批准设立省（或以上）经济技术开发区赋值为1，否则赋值为0；这里的赋值方式相当于纳入了实验组虚变量和政策时间虚变量的交乘项。$Control_{itp}$为控制变量，包括固定资产投资率、消费率和财政支出规模，控制地区经济状况可能对其县批设经济技术开发区的影响。a_i为县虚变量控制不随时间变动的县域特征差异对回归结果的影响，r_t为时序虚变量控制时间系统外生冲击对回归结果的影响，通过a_i和r_t的线性组合近似模拟实验组别和改革前后差异构造一般性面板双重差分模型。由于不同省份批设经济技术开发区的决策规则和制度规律可能存在的系统性差异，这里设置μ_p即省虚变量控制省份统一规则和决策可能产生的影响。

进一步地，我们分年度统计了不同时段设立经济技术开发区与非设立经济技术开发区的县固定资产人均投资额。总体而言，改革后设区县的固定资产投资额逐步扩大了与非设区县的差距；2007年后的设区县与非设区县固定资产投资额差异尚不显著，但改革后固定资产投资额差异也在逐步拉大，表明批设经济技术开发区确实带来了更强的投资激励效应。设区县中，早期批设县和2006年批设县在设区后固定资产投资额增长速度最快，与非设区县固定资产投资差额的扩大趋势十分显著，见图2-1。

① 资料来源：《中国县（市）社会经济统计年鉴》（2003—2011年）、《中国区域经济统计年鉴》（2003—2011年）、《全国地市（县）财政统计资料》（2003—2010年）以及工业企业数据库（2002—2009年）。

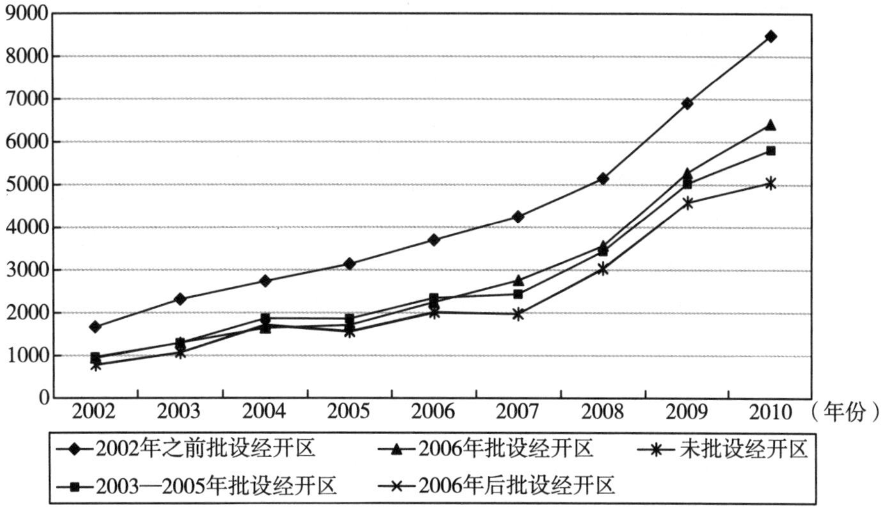

图2－1　中国分时段经济技术开发区与非经济技术开发区的县固定资产投资额

三、政府投资激励政策经济增长效应的实证结果

（一）政府投资激励政策的宏观经济效应评估

我们首先评估了政府投资激励的经济增长效应、产业结构效应以及要素使用率效应，回归结果见表2－2。

表2－2　　政府投资激励与经济增长的基础回归

变量	经济增长	产业结构效应			要素回报效应	
		第一产业	第二产业	第三产业	资本使用率	劳动力回报率
投资激励	303.10** (2.35)	11.07 (0.57)	208.98*** (2.73)	16.94 (0.27)	－0.288** (－1.98)	169.50 (1.48)
其他变量	控制	控制	控制	控制	控制	控制
常数	7887.75*** (27.22)	1389.58*** (32.10)	3881.46*** (22.55)	2159.37*** (15.56)	3.487*** (10.58)	10782.46*** (40.72)
时间	控制	控制	控制	控制	控制	控制
县	控制	控制	控制	控制	控制	控制
省份	控制	控制	控制	控制	控制	控制
R^2值	0.3707	0.2480	0.3591	0.2036	0.1785	0.4120

续表

变量	经济增长	产业结构效应			要素回报效应	
		第一产业	第二产业	第三产业	资本使用率	劳动力回报率
F 值	590.04*** (0.00)	330.32*** (0.00)	561.10*** (0.00)	256.01*** (0.00)	187.27*** (0.00)	651.55*** (0.00)
观测值	14709	14709	14709	14709	13753	14709

注：经济增长模型和产业结构效应的测度模型中，控制变量包括投资率、消费率、政府支出规模。要素回报模型中控制变量包括人均实际 GDP、投资率、消费率和政府支出规模。下同。***，**和*分别代表在1%，5%和10%的置信度下显著。

结论显示，政府投资激励对县域经济增长有显著促进作用。我们认为：一方面，地方政府直接投资有利于充分发挥基础设施网络的集聚效应，节约了企业生产成本并为形成劳动力池、信息共享、技术扩散以及信贷融资提供了便利。另一方面，包括税收优惠和低价土地出让等在内的投资激励政策有利于吸引资本等生产要素快速流入，促进经济增长。

然而，政府投资激励对于产业增加值的促进效应比较单一。政府投资激励显著提高了第二产业人均实际增加值，但是对第一产业和第三产业增加值影响十分不显著。“政治晋升理论”与“税收集权理论”认为，地方政府大力发展制造业所获得的好处不仅限于制造业投产后所产生的稳定的增值税和所得税收入，还包括制造业发展对服务业部门的推动以及由此带来的营业税和土地收入（方红生和张军，2013）。不难得出结论，工业制造行业从政府投资激励政策中受益最高，而由于政府在社会性服务、公共服务、科教文卫等领域的投资激励性政策偏袒相对较少，导致政府投资激励的产业结构优化效应不强。

生产要素使用率上，我们检验发现，政府投资激励对资本使用率影响显著为负，对劳动力报酬的影响不显著（这与样本的异质性效应也有一定的关系，下面我们将逐一说明）。我们推测认为，由于政府投资激励过度“偏袒”制造业等第二产业的发展，资本迅速向第二产业集聚，大量的资本聚集反而导致资本产出的边际效应明显下降，政府投资激励的经济增长质量并不令人满意。

总体来说，政府投资激励推进了县域经济增长，其主要的作用机制是地方政府投资激励引致的资本持续向第二产业集聚的结果。但是由于投资激励政策没能引导生产要素在不同产业间的配置优化，生产要素使用效率不高（尤其是资本使用率下降），政府投资激励的经济增长效应是“量的积累”而非“质的提高”的结果。

（二）政府投资激励经济增长的动态效应

由于政府投资激励不仅影响县域经济增长水平值，还可能产生时间趋势效应，因此我们检验了政府投资激励政策的动态效应，据以观察实施投资激励前后的经济效应差异。在模型分析技术上，我们将交乘项进行时序上的分解，设置的具体方式是 D_{ipt}^k 是政府投资激励实验事件的一组实验时序变量，若某县 2006 年批准成立省（或以上）经济技术开发区，对于虚变量 D^{-1}（改革前一年）的赋值方法是，如果该县在 2005 年则赋值为 1，其余为 0；D^1（改革后一年）的赋值方法是，如果该县在 2007 年则赋值为 1，其余为 0；依次类推（见表 2 - 3）。由于改革前一年和改革后一年可能存在高度的相关性，这里删除了 $D^k = -1$，表达式如式（2 - 2）：

$$Y_{itp} = a_i + r_t + \mu_p + \sum_{k \geq -3, k \neq -1}^{5} \delta_i \times D_{ipt}^k + \lambda Control_{itp} + \varepsilon_{itp} \quad (2-2)$$

表 2 - 3　　政府投资激励政策宏观经济效应的动态评估

变量	经济增长	产业结构效应			要素回报效应	
		第一产业	第二产业	第三产业	资本使用率	劳动力回报
投资激励前二年	-472.996** (-2.40)	-139.866*** (-4.15)	-503.889*** (-4.10)	177.658* (1.71)	0.539** (2.35)	-1034.564*** (-5.33)
投资激励前二年	21.818 (0.10)	24.924*** (0.70)	73.861 (0.57)	-75.300 (-0.68)	0.329 (1.35)	-549.551*** (-2.67)
投资激励当年	-339.213* (-1.85)	-49.048 (-1.57)	-182.321 (-1.60)	-111.986 (-1.16)	-0.164 (-0.75)	14.985 (0.08)
投资激励后一年	51.305 (0.28)	-23.970*** (-0.76)	85.973 (0.74)	-20.079 (-0.21)	0.238 (1.11)	486.079*** (2.67)
投资激励后二年	329.194* (1.78)	3.732 (0.12)	266.273** (2.31)	43.316 (0.45)	-0.493** (-2.31)	896.223*** (4.94)
投资激励后三年	909.749*** (5.04)	63.586** (2.06)	536.664*** (4.78)	271.216*** (2.85)	-0.435** (-2.07)	1194.849*** (6.74)
投资激励后四年	1405.056*** (7.65)	111.306*** (3.55)	826.934*** (7.23)	415.530*** (4.30)	-0.480** (-2.25)	2055.400*** (11.39)
投资激励后五年	497.055 (1.63)	62.276 (1.20)	343.163* (1.81)	48.597 (0.30)	-0.518 (-1.47)	846.770*** (2.83)

续表

变量	经济增长	产业结构效应			要素回报效应	
		第一产业	第二产业	第三产业	资本使用率	劳动力回报
常数	516.914*** (20.08)	1058.929*** (24.12)	3657.30*** (21.25)	1406.730*** (0.08)	5.391*** (18.56)	5506.402*** (21.80)
其他变量	控制	控制	控制	控制	控制	控制
县	控制	控制	控制	控制	控制	控制
R^2值	0.3356	0.1938	0.3070	0.1527	0.1552	0.3075
F 值	489.30*** (0.00)	232.90*** (0.00)	429.06*** (0.00)	174.60*** (0.00)	163.66*** (0.00)	430.08*** (0.00)
观测值	13130	13130	13130	13130	12193	13130

注：***，**和*分别代表在1%，5%和10%的置信度下显著。为了避免时间固定效应对时序变量的“吸收”效应，这里并没有控制时间上的固定效应。

回归结论显示，政府投资激励对县域经济增长和第二产业增加值有持续的正向时序效应，改革前政府投资激励经济增长效应为负，改革后经济增长负向效应逐步减弱（系数不断减小，显著度逐步降低）；改革后第一个年度开始，政府投资激励对经济增长和第二产业增长开始呈现显著的正向作用①。

政府投资激励对第一产业经济效应影响不稳健，实验改革期前政府投资激励对第一产业的影响正负互现，改革期后的影响仍为正负互现。政府投资激励对第三产业的经济效应趋势不明显，改革期前和改革期后都存有显著的正向效应。

在资本使用率上，政府投资激励的负向动态趋势十分明显，改革期前政府投资激励对资本使用率有显著的正向效应，改革期后迅速转换为负向效应且持续了三期。政府投资激励对提高劳动力实际报酬的动态效应显著为正，制造业发展对提高劳动力报酬、吸引高劳动技能人力资本的流入有显著的促进作用。

政府投资激励对经济增长和第二产业动态促进效应最为显著，这与各地方政府官员大力推进工业化、以期在晋升中获取良好的政治排序资本的目标密不可分。结论同样显示，政府投资激励的产业结构优化效应不明显，资本生产要

① 在纳入实验变量动态项后，实验变量当年项系数不显著；说明基础回归中不考虑实验动态趋势项，实验变量显著的正向效应主要是长期政策效应的综合表现；考虑到政策的滞后效应，这一现象是正常的。

素使用率较差。

（三）投资激励效应的异质性检验

批准设立省（或以上）经济技术开发区模式在县域间存在较大差异：第一种模式为县级政府先筹建本级经济技术开发区，资质符合标准的经济技术开发区后经省级人民政府或者国务院批准升级为省或国家级经济技术开发区。这种情况下，由于园区前期基础设施建设比较完善、税收、土地等优惠政策激励已经实施，政府投资激励政策更多体现为激励程度由“弱”到“强”的变化。第二种模式是县在申请批设时一次性被省级（或以上）政府批准成立为省级（或以上）经济技术开发区。这种情况下，政府投资激励程度的变化是从“无”到“有”。

批设模式是否会造成政府投资激励效应的异质性，为了研究这一问题，本书将样本分为两大类：第一类是经济技术开发区的批设时间和筹建时间相同的样本（组别一）；第二类为经济技术开发区的批设时间和筹建时间不同的样本（组别二），分组回归结论见表2－4和表2－5。

表2－4　　投资激励与经济增长：区分批设模式（组别一）

变量	经济增长	产业结构效应			要素回报效应	
		第一产业	第二产业	第三产业	资本使用率	劳动力回报
投资激励	409.875 (0.99)	42.827 (0.60)	272.875 (1.03)	29.791 (0.24)	−0.751 (−1.44)	914.534*** (3.38)
常数	7959.445*** (24.37)	1386.232*** (24.85)	3861.44*** (18.49)	2150.452*** (21.99)	4.125*** (10.06)	10162.19*** (20.80)
其他变量	控制	控制	控制	控制	控制	控制
时间	控制	控制	控制	控制	控制	控制
县（市）	控制	控制	控制	控制	控制	控制
省份	控制	控制	控制	控制	控制	控制
R^2值	0.3732	0.2340	0.3356	0.3694	0.1657	0.5026
F值	474.94***	243.66***	402.91***	467.24***	144.87**	805.73***
观测值	11709	11709	11709	11709	10827	11709

注：***，**和*分别代表在1%，5%和10%的置信度下显著。

表 2-5　投资激励与经济增长：区分批设模式（组别二）

变量	经济增长	产业结构效应			要素回报效应	
		第一产业	第二产业	第三产业	资本使用率	劳动力回报
投资激励	530.879*** (4.13)	9.77 (0.47)	322.661*** (3.99)	100.142 (1.48)	-0.432*** (-3.07)	108.634 (0.85)
常数	7198.42*** (25.34)	1396.22*** (30.25)	3654.733*** (20.43)	2011.537*** (13.41)	4.293*** (14.07)	10867.15*** (38.62)
其他变量	控制	控制	控制	控制	控制	控制
时间	控制	控制	控制	控制	控制	控制
县（市）	控制	控制	控制	控制	控制	控制
省份	控制	控制	控制	控制	控制	控制
R^2值	0.3771	0.2459	0.3440	0.1767	0.2124	0.9371
F 值	533.41***	287.40***	462.07***	189.18***	218.40***	580.51***
观测值	12942	12942	12942	12942	12013	12942

注：***，** 和 * 分别代表在 1%，5% 和 10% 的置信度下显著。

从实证结论上分析，经济技术开发区不同的批设模式产生的投资激励效应有显著差异。对于“一次性”批设成立省以上经济技术开发区的县（市）而言，估计系数基本不显著；而对于低级别经济技术开发区“升级”批设省以上经济技术开发区的县（市），投资激励对经济增长和第二产业增加值有显著的正向作用，对资本使用率有显著负向的影响。我们推测，在成立经济技术开发区的初期，经济技术开发区主要的运营工作主要进行“通水、通电、铺路”等基础设施建设，基础设施网络效应尚未形成，资本要素吸引机制并不完善，即政府投资激励有政策延时性，这与动态检验结论也是吻合的。

有趣的是，对于劳动报酬率的评估，投资激励效应在“一次性”批设成立省级（或以上）经济技术开发区的县（市）样本中成立，而在“升级”批设成立省级（或以上）经济技术开发区的县（市）样本中不成立。我们推测，这一结果可能与劳动力价格预期形成机制有关，即当县被批设成立省（或以上）经济技术开发区时，劳动力市场预期试点县（市）将会出现较高的经济增长涨幅，这将吸引高素质劳动技能人员进入工作；而随着时间的推移劳动力不断流入园区，投资激励对劳动力的吸引力逐渐减弱，直至不显著。

（四）政府投资激励：“增量创造”还是“存量再分配”

以上，我们评估得到政府投资激励会有效促进试点县（市）的宏观经济增长。然而，让我们感到困惑的还有，我们观察到的政府投资激励效应是投资激励真实创造的结果，还是试点县产生“虹吸效应”导致资源在空间上的再配置的结果？如果证实属于后一种假设推想，即政府投资激励的宏观增长效应是以“牺牲”其他县的经济增长为代价的；那么，从全局效应来看，政府投资激励的综合效应是“零和”的。

为了验证这一假设，我们试图区别“增量创造”和“存量再分配”两种不同的作用机制，我们的具体做法是：由于隶属于同一地级市的县（市）政府面临相同的政治晋升规则、面临相同的经济竞争体系，我们在基准回归的模型中加入“同一地市其他县是否批准设立省级（或以上）经济技术开发区”虚变量（有 =1，无 =0）衡量“资源再分配的转移效应”，再将这一虚变量乘以“当年该市其他县批设省级（或以上）经济技术开发区的数量”控制再分配转移效应的影响，具体表达式见式（2 -3），我们预期系数 θ 为负（见表 2 -6）。

$$Y_{itp} = \alpha_i + \gamma_t + \mu_p + \delta Grant_{itp} + (O_{ipt} \times N_{ipt})\theta + \varepsilon_{ipt} \tag{2-3}$$

表 2 -6　　创造效应还是再分配效应

变量	经济增长	产业结构效应			要素回报效应	
		第一产业	第二产业	第三产业	资本使用率	劳动力回报
投资激励	379.23** (2.55)	45.37** (2.04)	237.39*** (2.69)	40.76 (0.57)	-0.17 (-1.02)	135.43 (1.03)
其他县（市）设开发区 ×数量	-47.56 (-1.52)	-14.92*** (-3.20)	-22.38 (-1.21)	-15.79 (-1.06)	-0.06* (-1.70)	8.38 (0.30)
其他变量	控制	控制	控制	控制	控制	控制
常数	7952.22*** (27.21)	1405.01*** (32.20)	3911.48*** (22.53)	2182.66*** (15.60)	4.23*** (13.09)	10972.51*** (42.29)
时间	控制	控制	控制	控制	控制	控制
县（市）	控制	控制	控制	控制	控制	控制
省份	控制	控制	控制	控制	控制	控制
R^2 值	0.2877	0.0880	0.3590	0.1896	0.1801	0.2828
F 值	547.87*** (0.00)	307.59*** (0.00)	520.71*** (0.00)	237.77*** (0.00)	183.96*** (0.00)	651.78*** (0.00)
观测值	14704	14704	14704	14704	13748	14704

注：***，** 和 * 分别代表在 1%，5% 和 10% 的置信度下显著。

检验结果表明，再分配转移指标系数基本为负、符合预期；但再分配转移效应并不稳健显著。在我们控制了可能存在的“再分配效应”后，政府投资激励对县域经济增长和第二产业增加值的正向促进作用依然显著成立，表明政府投资激励的经济增长效应是真实“创造”的结果。

在控制了再分配转移效应后，政府投资激励对资本使用率的负向效应，以及对劳动力回报率的正向效应均不再显著，但“资源再分配”对资本使用率的负向效应十分显著。也就是说，当地市的其他县（市）批设省（或以上）经济技术开发区会显著吸引资本流出，且其他县（市）批设数量越多、资本流失程度越大，资本积累程度降低。回归结果表明，政府投资激励很可能存在县域横向间投资攀比的“无效率竞争”，分属同一辖区的县级单位为争夺资本流入存在强烈竞争，并说明追求高水平资本积累仍是县域发展经济的主要模式。

（五）微观传导机制的验证

政府投资激励显著降低了资本使用率，意味着政府投资激励产生过高的资本积累，可能导致企业降低了生产管理水平、怠于提高生产率；这一假设是否可以得到微观证据支持？我们将使用工业企业数据对上述假设进行验证。具体来说，利用工业企业数据库的企业样本、通过识别企业厂址所在地的县（市）编码而将工业企业样本与政府投资激励的宏观指标进行匹配。我们使用资产经营利润率和单位资产工业增加值测度企业资本产出率，使用雇用人数和单位劳动力工业增加值测度劳动产出率，使用面板随机前沿模型估算了工业企业的全要素生产率①。为了区分企业的异质性特征，分为国有企业和非国有企业进行组别回归，回归结果见表2－7。

结论表明，资本产出率方面，无论是国有企业还是非国有企业，政府投资激励显著降低了工业企业的资产经营利润率，支持了政府投资激励对资本使用率产生负向效应的结论。劳动产出率方面，国有企业和非国有企业都减少了劳动力雇用人数，资本要素与劳动力要素之间存在明显的替代效应；同时非国有企业的劳动生产率出现明显下降。企业全要素生产率方面，非国有企业受政府投资激励影响企业生产率出现显著下降。总的来说，微观证据上，我们也可以得到政府投资激励不利于提高要素使用率的结论。

① 在全要素生产率的估计模型中，我们采用的是面板SFA估计方法。其中，总产出采用企业总产值衡量，资本存量为企业固定资产净值年平均余额，劳动力为企业雇用劳动力。

表 2－7　　政府投资激励的微观机制检验

变量	国有企业					非国有企业				
	资产经营利润率	工业产值/资产总额	工业产值/劳动力	雇用人数	全要素生产率	资产经营利润率	工业产值/资产总额	工业产值/劳动力	雇用人数	全要素生产率
投资激励	－0.013** （－2.02）	0.042 （1.16）	0.050 （1.39）	－0.022* （－1.95）	－0.001 （－1.55）	－0.018*** （－2.98）	－0.015 （－1.27）	－0.022* （－1.93）	－0.010 （－1.55）	－0.002*** （－2.70）
企业固定投资额	－0.000 （－0.05）	－0.323*** （－19.10）	0.092*** （5.48）	0.096*** （19.48）	0.015*** （37.74）	－0.025*** （－12.62）	－0.167*** （－38.39）	0.116*** （26.55）	0.194*** （75.90）	0.019*** （85.40）
企业年龄	－0.008 （－0.35）	－0.624*** （－5.21）	－0.599*** （－5.05）	－0.032 （－0.80）	0.001 （0.19）	0.004 （0.29）	－0.091*** （－3.20）	－0.358*** （－12.57）	0.308*** （17.28）	0.016*** （9.63）
资产负债率	－0.072*** （－6.01）	－0.540*** （－8.56）	－0.351*** （－5.63）	－0.017 （－0.79）	0.012*** （7.23）	－0.122*** （－14.20）	－0.285*** （－16.27）	－0.247*** （－14.04）	0.097*** （8.71）	0.012*** （12.09）
单位资产融资成本	0.051 （0.53）	4.482*** （8.51）	1.735*** （3.33）	0.806*** （4.73）	2.188*** （91.45）	1.578*** （36.58）	3.220*** （34.61）	1.131*** （12.10）	0.553*** （9.90）	2.169*** （324.53）
企业效应	控制	控制	控制	控制	控制	控制	控制	控制	控制	控制
行业效应	控制	控制	控制	控制	控制	控制	控制	控制	控制	控制
时间效应	控制	控制	控制	控制	控制	控制	控制	控制	控制	控制
R^2 值	0.0138	0.1812	0.2913	0.0478	0.2576	0.0511	0.0832	0.2978	0.1080	0.3541
F 值	3.24***	44.09***	81.90***	11.64***	80.44***	54.56***	80.41***	375.72***	122.81***	429.59***
观察值	13485	11693	11693	13485	13485	63296	55467	55467	63296	47733

注：***，**和*分别代表在1%，5%和10%的置信度下显著。

（六）稳健性检验

（1）倾向得分匹配分析。在基础模型中，我们通过控制时序、县、省三层固定效应尽量减弱内生性的影响。我们在稳健性检验中，选择使用PSM的技术方法对结论进行稳健性检验。上面的统计性分析发现，东部沿海县以及经济水平相对较高的中部县更早成立省（或以上）经济技术开发区；如果经济发达县或者地理、自然条件较好的县以更大的概率批准设立省（或以上）经济技术开发区，实证结果是否会受到遗漏变量和双向因果的影响、从而导致估计偏误？

我们进行倾向得分匹配检验的思路是，寻找与批设经济技术开发区县在经济状况、生活水平和地理位置状况类似的县作为控制组，比较实验前、后实验组与对照组之间的产出变化差异。这里以人均财政支出、地区投资率、地区消费率、地区产业结构、土地出让单价、该县是否有海岸线（是 =1，否 =0）为匹配指标，控制年份虚变量和省份虚变量计算倾向匹配得分的概率[①]。具体来说，我们建立了Logit回归模型，X代表该县批设省（或以上）经济技术开发区概率得分的影响变量。Z =1代表该县批设成立省（或以上）经济技术开发区，Z =0代表该县未批设成立省（或以上）经济技术开发区。Y_1^1代表批设县批设后的状况，Y_1^0代表批设县批设前的状况，Y_0^1代表未批设县批设后的状况，Y_0^0代表未批设县批设前的状况。模型估计的目标是考察受到批准设立“省（或以上）经济技术开发区”投资改革激励的县前后经济绩效的变动状况，见式（2-4）至式（2-7）：

$$Pr\{Z = 1 | X\} = \varphi(X'\beta) \quad (2-4)$$

$$E[Y_1^1 | dz_{it} = 1] - E[Y_1^0 | dz_{it} = 1] = E[(Y_1^1 - Y_1^0) | dz_{it} = 1] \quad (2-5)$$

$$E[Y_0^1 | dz_{it} = 0] - E[Y_0^0 | dz_{it} = 0] = E[(Y_0^1 - Y_0^0) | dz_{it} = 0] \quad (2-6)$$

$$ATT = E[\Delta Y_1 | dz_{it} = 1] - E[\Delta Y_0 | dz_{it} = 1] = E[\Delta Y_1 | dz_{it} = 1] - E[\Delta Y_0' | dz_{it} = 0] \quad (2-7)$$

采用最邻近匹配的方法，在配对寻找与实验组外生变量相匹配的控制组基础上，进行倾向匹配得分的稳健性检验，回归结果见表2-8。

① 由于控制县级虚变量，模型由于自由度不够无法估计，因此地区固定效应上我们控制到了省一级和地市一级，但基于选择宏观变量和两层地区固定效应控制，我们认为结论仍是可信的。

表 2-8　　稳健性检验一：倾向匹配得分分析

匹配结果变量	人均 GDP	第一产业增加值	第二产业增加值	第三产业增加值	资本使用率	劳动力报酬
匹配系数	438.37* (1.83)	-147.68 (-1.58)	707.85*** (3.08)	237.85 (0.53)	-0.477* (-1.79)	683.66*** (2.28)
P-R^2值	0.3349	0.3349	0.3349	0.3349	0.3466	0.3349
观测值	8927	8927	8927	8927	8655	8927

注：***，** 和 * 分别代表在 1%，5% 和 10% 的置信度下显著。

匹配得分结果与基本结论保持一致，政府投资激励对县域经济增长和第二产业增加值的正向影响十分显著，但是对第一产业和第三产业的影响不显著，产业结构优化效应不明显。要素使用率方面，政府投资激励降低了资本使用效率，提高了劳动力实际报酬。结论再次验证了，政府投资激励对县域经济增长和第二产业增加值上有明显的促进作用，但政府投资激励诱导资本过度向第二产业集中，在资本向工业企业集聚的过程中却没有提高资本的生产使用率，造成资本使用率出现显著下滑。资本挤出了部分劳动力而受益于批设县整体经济水平的提高，批设县劳动力报酬显著增加。

（2）子样本回归。基准模型中，我们仅将双重差分的交乘项纳入模型中，通过控制县（市）虚变量和时间虚变量的线性组合来近似替代实验组虚变量和实验时点虚变量，估计方法实质上属于一般化面板倍差法而非典型倍差法。在第二个稳健性检验中，我们拟从全样本中抽取子样本进行典型倍差估计。

具体来说，我们仅保留了 2006 年批准设立经济技术开发区的县与从未参与改革的县（市）样本，使用 500 次抽样稳健标准误进行测度。根据省（或以上）经济技术开发区的批设改革历程，为规范省及以上经济技术开发区的管理并提高效率，国务院于 2006 年整顿并清理规范了各省（区）辖经济技术开发区，撤并不符合开发区资质条件的省、地、县市经济技术开发区，对符合条件的经济技术开发区予以保留或者破格升级。虽然无法甄别未参与样本中是否有撤销的经济技术开发区的有关信息，但如果上述理论机制成立，并基于批设省（或）以上经济技术开发区相对地（县）经济技术开发区拥有更强的投资激励效应，主要指标显著性应该保持稳健，结果见表 2-9。

研究结论依旧保持了较高的一致性，政府投资激励对县域经济增长和第二产业增加值有显著的正向效应。在要素回报效应模型中，政府投资激励显著降低了资本使用率，显著提高了劳动力报酬。

表 2 -9　稳健性检验：典型双重面板差分（500 次抽样稳健标准误）

变量	经济增长	产业结构效应			要素回报效应	
		第一产业	第二产业	第三产业	资本使用率	劳动力回报
DID 系数	959.90*** (4.17)	22.67 (0.75)	576.16*** (4.83)	241.57* (1.71)	-0.484*** (-3.70)	482.25*** (3.33)
其他变量	控制	控制	控制	控制	控制	控制
时间	控制	控制	控制	控制	控制	控制
县（市）	控制	控制	控制	控制	控制	控制
省份	控制	控制	控制	控制	控制	控制
R^2值	0.2753	0.0728	0.2391	0.1667	0.2183	0.3026
观测值	12309	12309	12309	12309	11386	12309

注：***，** 和 * 分别代表在 1%，5% 和 10% 的置信度下显著。

（七）实证小结

在这一章节，我们基于 2002—2010 年县级数据，通过县批设省（或以上）经济技术开发区（含高新技术开发区）构造地方政府投资激励的政策实验指标，克服了既有研究关于测度地方政府投资指标的内生性和不完备信息问题，重点测度了政府投资激励政策的经济效应。研究发现，地方政府投资激励促进了地方经济增长，尤其是第二产业的增长。但在追求财政收入最大化、争取晋升排序资本的过程中，地方政府更关注第二产业（制造业）的发展，投资激励政策更加偏袒工业企业，对第三产业的正向促进作用不稳健显著，地方政府投资激励政策的产业结构优化效应较弱。由于政府引导性资本迅速向第二产业集聚，资本要素的边际单位产出下降，政府投资激励降低了资本使用率。上述宏观经济效应的微观机制也可得到验证。

中国式“政治集权、经济分权”的管理制度构架以及以 GDP 为重点的官员绩效考核机制，导致地方政府产生了吸引资本等流动性生产要素、推动经济增长的强烈竞争激励，在预算财政资金之外运用“隐性”投资激励政策鼓励地区经济增长。政府引导的高资本积累虽然促进了中国经济快速发展，但继续激励经济保持较快增长可能需要政府投资激励政策改变单一依靠吸引资本重复积累的方式、转而更加注重资本的边际生产率。我们认为，包括税收优惠、基础设施网络投资、生产性补贴等在内的地方政府投资激励政策应该更多向新兴技术产业、社会服务和公共服务投资领域倾斜。官员晋升制度中加大对经济发展质量、公共服务质量等考核指标的占比权重；地方政府在培育经济增长点时应充分发挥地方比较优势、鼓励企业进行技术创新而避免单一和重复性的资本累积方式，改善政府投资激励政策的经济效率。当然，由于县批设“省（或以上）经济技术开发区”是对政府投资激励（即含政府直接投资和投资激励性政策）的一项政策实验综合效应评估，分项评估政府投资激励政策对企业的微观经济效应，并依据实证结果进行政策解读仍是有趣并值得深入探究的问题，我们将在下一章重点讨论这一问题。

第三章　政府投资激励的微观生产率效应评估

一、政府投资激励微观生产率效应的理论基础

（一）投资激励微观效应的政策背景

在地区竞争和投资攀比的经济制度格局下，地方政府为拉动经济发展，实施大规模的基础设施投资以及“一揽子”的投资激励政策。地方政府投资激励确实驱动了经济快速增长，但同时也产生了明显的负向效应。其中最突出的问题是，在许多情形下，政府投资激励带动经济增长依靠的是生产要素“量”的重复积累而非企业技术效率“质”的提升。在上一章的研究中，我们粗略地估计也发现，政府投资激励并不利于企业生产率的提高。企业生产率的提高是国家保持经济持续发展的主要动力。在这一章节中，我们关心的问题是，中国的投资激励政策是否有效地促进了企业生产率的提高呢？这一问题的研究，有利于我们从保证经济发展质量的角度更有效地优化公共政策设计。

有关政府投资激励政策的有效性研究，不同的学者得出了不同的答案。有研究认为，政府投资激励有利于企业提高生产率，主要观点包括：第一，政府投资激励诱导企业改变研发投资偏向，政府对企业创新的公共政策支持（如税收优惠和专项补贴）有利于激励企业增加研发投入，提高企业生产率。第二，政府投资激励为产业集聚创造了良好的外部环境。受益于“公共品外部效应”和“金融外部效应”，企业可以借助行业的专业化分工提高生产率（范建勇等，2014）。第三，政府投资激励形成的集聚效应还有利于“知识外溢”并形成“劳动力池”。在“技术示范效应”的驱动下，企业会大力引进外部技术和高素质人力资本，改善知识投入结构，提高企业生产率（程惠芳和陆俊嘉，2014）。第四，税收优惠政策和专项奖励补贴等激励政策有利于减轻企业生产成本负担，

鼓励企业扩大生产和经营规模，促进企业生产率的提高。

但也有研究认为，政府投资激励不利于企业提高生产率。他们发现，政府的产业支持政策效果不显著，政府资助对企业生产率呈现显著的负向作用（白俊红等，2009；冯宗宪等，2011）。有研究使用高新技术产业数据、基于两阶段半参数 DEA 的估算结果表明，政府干预带来了企业生产率损失；政府介入程度每提高 1%，企业生产率在 1996 年的基准上下降近 6%（武鹏等，2010；彭纪生等，2008）。有研究认为，当财税政策与行政政策、人事政策不能有效发挥协同效应时，公共政策不利于企业生产率的增长；政府支持政策应着重关注不同性质的政策之间的组合方式（李永友和沈坤荣，2008）。

（二）投资激励微观效应的理论机制

分权格局下，中国地方政府间存在着激烈的资本要素追逐冲动和经济增长竞争压力。政府投资激励政策在地方政府创造经济增长绩效的过程中扮演了重要的角色（盛丹和王永进，2013）。在政府直接投资方面，一种是政府基础设施投资有利于培育产业的地理集聚环境，从而使企业能够分享由集聚带来的金融外部性、劳动力池和基础设施网络效应。另一种是政府实施对企业的微观干预式的偏袒性激励政策。最主要的表现形式是对企业提供税收庇护，包括为企业实施税收优惠政策、向企业提供地方专项补贴（负税收），降低税收征管力度等。我们将从“集聚效应”和“税收庇护”两个角度来分析政府投资激励影响企业生产率的作用机制。

（1）集聚效应。从集聚效应上看，政府投资激励影响企业生产率的作用机制主要包括：改善企业融资能力、帮助企业分享劳动力池以及促使企业参与公共基础设施网络。

第一，产业的地理集聚将产生金融外部性。更具体地说，集聚降低企业了之间的搜寻成本，地理上的互相靠近降低了企业间信息不对称、促进了企业的信息交流。信息的扩散和交流使得企业之间更加“熟识”，企业间的声誉评价也将会更加准确，从而有利于企业借贷资金配置效率的提高（Von and Seidel，2011；Wang，2013）。不难推测，一旦企业的融资成本因金融信贷环境的改善而下降，企业的现金流约束将会更加宽松，会激励企业增加在科技研发上的投入，增进企业的劳动生产率。

第二，产业的地理集聚也会促进劳动力池的形成。具体而言，产业地理集聚将有利于市场提供廉价原材料，形成大规模的劳动力池（Antonio and Hall，

1996）。对于生产资料的投入成本而言，企业集聚会降低生产资料的运输成本；同时，由于市场上存在更多的供应商，市场竞争会降低生产资料的购买价格。对于劳动力成本而言，企业集聚能够促进劳动分工细化，直接提高劳动生产率、降低劳动力成本。生产资料和劳动力是企业生产的主要投入，投入成本的下降有利于企业劳动生产率的提高。更为重要的是，企业集聚有利于培育“知识外部效应”，新知识新技术的交流和扩散会变得更加顺畅。这不仅有利于提高个体劳动者的知识结构、为企业技术创新提供外部条件（Henderson，2003；Lin et al.，2011；Duranto and Puga，2004；Cainelli and Iacobucci，2012）；市场也会由于新技术扩张而吸引和容纳更多的高素质劳动力，增进社会整体生产率（Somik et al.，2004）。

第三，产业集聚还有利于形成基础设施网络效应。完善的基础设施网络节约了企业交易成本，有利于生产效率的提高。此外，由于良好的基础设施使得企业更加便捷地接触市场，市场需求也会不断驱动并刺激企业进行技术创新、提高生产率（Lu and Tao，2006）。

（2）税收庇护、政府补贴与政策依赖。政府微观式干预的偏袒性政策会直接改变企业的经济行为决策。税收庇护是政府投资激励政策的主要方式之一。减税有利于刺激储蓄、鼓励资本形成和商业流动，提高社会总需求和经济增长率（Koethenbuerger and Lockwood，2010）。现实中，中国地方政府间基于争夺资本等流动性生产要素开展税收竞争，地方政府竞相降低企业的实际税率，也确实鼓励了企业增加资本投资。但从企业生产率的角度进行分析，减税激励导致企业生产成本中资本密集度超过最优比例后，由于劳动力等其他生产要素份额保持不变，将会降低企业生产率的边际增长幅度。换句话说，地方政府投资激励政策带来的高资本积累速度存在降低企业生产率的风险。有研究构建基于税率分权竞争模型的分析发现，分权制度下过度降低税率并不利于获取高经济增长率（任曙名和张静，2013）。更为重要的是，地方性减税政策、地方性专项补贴等保护机制，会导致企业产生“政策依赖”的惰性。这不仅不利于企业提高生产率，还可能滋生企业的“寻租行为”，干扰市场的正常资源配置机制，叠加政府失灵成本（余明桂等，2010；Desai et al.，2007；Desai and Dharmapala et al.，2009）。

（三）政府投资激励微观生产率效应评估的建模思路

通过理论机制分析，我们发现，既有研究关于“政府投资激励与企业生产率”的研究没有得到一致答案。政府投资激励政策的有效性取决于政府干预性政策能否对市场机制进行合理的补充。但是，既有研究也存在不足：一方面，很少有研究从微观工业企业生产率的角度评估政府投资激励政策的综合效应。另一方面，既有研究选取的包括“政府预算内投资”等政府投资激励指标在计量方式上存在偏误。一是，基于政府投资筹资方式多元化和隐性化特征，政府预算内投资并不是观测政府投资激励的良好指标。二是，政府投资指标实质是用政策的结果来代理政策本身，政策结果指标可能存在内生性从而导致计量结果偏差，这种偏差利用工具变量也很难消除。

在这一章节，我们主要研究政府投资激励政策能否促进工业企业生产率。与上一章类似，本章我们借助“县批设省（或以上）经济技术开发区（含高新技术开发区）”的政策实验，研究投资激励政策如何影响企业生产率。具体来说，笔者采用“县批设成立省（或以上）经济技术开发区（含高新技术开发区）”作为衡量政府投资激励的政策实验；继而使用大样本的微观工业企业数据，测度了政府投资激励对工业企业生产率的综合协同效应。通过采用实验评估分析方法构建倍差法模型，我们将较好克服采用宏观指标时存在的内生性问题，使得研究结论更为准确。此外，县被批设成立省（或以上）经济技术开发区会极大推动地方政府实施多样的区域性投资激励政策；因此，本书还将逐一通过集聚外部效应、减税激励等多渠道分析政府投资激励政策影响企业生产率的作用机制。

二、政府投资激励对企业生产率影响的评估方法

（一）企业生产率的估算

本章实证研究所需微观企业数据来自中国工业企业数据库，该数据库汇报了中国销售额超过500万元的工业企业的相关信息。本书选择了工业企业数据库中在样本年份内（2002—2009年）厂址未发生变动的企业，从而避免了企业因政策预期而主动“进入”或者“退出”某一区域的选择性偏误。我们一共获得了102032个平衡面板数据观测点。笔者使用了面板随机前沿模型计算得到的企业技术效率来测度企业生产率①。其中，企业产出采用企业总产值进行衡量，资

① 既有研究分别使用OP、LP、DEA和SFA等方法对企业全要素生产率进行测度。使用OP方法和LP方法的前提要求数据样本为非平衡面板。本书认为，企业进入市场或者退出市场，很容易受到统计口径的影响。为了克服上述问题，作者选择了2002—2009年的平衡面板数据，并利用面板随机前沿模型估算了企业生产率。

本投入的测度方式为企业固定资产净值年平均余额，人力资本的测度方式为企业雇用劳动力数。面板随机前沿模型如下：

$$Y_{it} = f(x_{it}, \beta)\exp(v_{it})\exp(-u_{it}), i = 1, ..., N; t = 2002, ..., 2009 \quad (3-1)$$

式（3-1）中，Y 表示产出，X 表示生产要素投入，β 为模型估计参数。随机扰动项包括两个部分：v_{it}表示外生冲击引起的随机误差部分，非负误差项 u_{it} 表示企业可控的非效率项，则企业可控的生产率（或技术效率）可写作 $TE_{it} = \exp(-u_{it}) = \frac{Y_{it}}{f(x_{it}, \beta)\exp(v_{it})}$。

我们分年度统计了2002—2009 年中国工业企业生产率的核密度分布状况。从统计结果看，样本企业生产率分布状况大致符合正态分布。动态趋势变化上，企业生产率的核密度线逐步向右移动，表明平均水平上，我国企业生产率不断提高。从核密度线峰值判断，企业生产率峰值存在下降趋势，且分布形状更加平缓，企业间生产率收敛趋势比较明显。

（二）政府投资激励的测度

与上一章相同，我们采用“企业所在县当年是否有批设省级（或以上）经济技术开发区（含高新技术开发区）”作为衡量政府投资激励的政策实验变量。在赋予经济技术开发区自主管理权限的基础上，省（或以上）经济技术开发区的政府投资激励手段包括但不限于：第一，政府直接投资进行基础设施建设或者鼓励投资者在开发区经营成片土地、兴建并经营供水、供气、供电、通信等基础设施，园区给予土地出让金价格优惠，吸引企业进入经济技术开发区发挥集聚效应。第二，实施税收减免优惠政策，包括企业增值税、企业所得税（含高新企业所得税）和企业员工个人所得税等各种优惠，吸引生产要素流入、促进地区经济增长。第三，扩大企业生产经营权限，开发区内的中外合资经营企业、中外合作经营企业、外商独资经营企业和外商持有25%以上股份的股份制企业有进出口权，允许有进出口权的省内外贸企业在开发区内建立进出口公司，负责代理开发区内无进出口权企业的进出口业务。

笔者手工整理了除北京、天津、上海和重庆四个直辖市，以及西藏自治区、新疆维吾尔自治区和内蒙古自治区之外大陆地区的24 个省（自治区）有关县批设成立省（或以上）经济技术开发区（包括高新技术开发区）的文件信息。经济技术开发区数据资料来自《中国开发区网》中公布的“省级开发区”和“国家开发区”资料。通过将经济技术开发区与“百度地图”查询的地理信息匹配，识别经济技术开发区归属的县（包括县级市）①。少量的经济技术开发区没有列明被批准设立的时间，我们删除了此类样本。需要说明的是，删除样本不到总样本的5%，不存在严重的选择性偏误。

基于此，本章将借助“县（或市）批设成立经济技术开发区”这一事件作为政策实验，构建倍差法（difference - in - difference，DID）模型，以“成立经济技术开发区”作为衡量政府投资激励的政策实验变量。由于单个企业很难影响省一级政府决策，我们的实证策略能够较好地解决由双向因果引起的内生性问题。

（三）控制变量

实证模型涉及的其他企业层面的变量包括：第一，企业创新，利用企业当年是否有新产品增加值的虚变量衡量企业技术创新。第二，资产负债率，利用企业负债除以总资产进行测度。第三，融资成本，利用利息支出占企业负债总额进行测度。第四，投资规模，利用企业短期投资和长期投资之和除以企业雇用劳动力人数。第五，税收负担。利用企业产品销售税金及附加与所得税费用之和除以企业营业收入。第六，其他企业控制变量。包括企业年龄、劳动力规模、劳动力报酬（使用企业职工平均工资进行衡量）和企业性质虚变量（国有企业=1，非国有企业=0）。同时，考虑到省一级（或以上）政府可能有政策导向性地选择县（市）成立经济技术开发区，为了避免实验组和对照组的划分不随机，我们还控制了县级宏观层面的变量。第七，人均GDP，利用县一级国内生产总值比辖区年底总人口得到。第八，财政相关指标，包括人均财政支出，人均财政专项补助，人均一般转移支付补助，人均基本建设支出、人均文教支出。第九，人口增长率，利用当年县域人口增长率得到。对于控制变量之间可能存在的共线性问题，我们进行了变量间的相关性检验。通过检验我们发现，对绝大部分的变量而言，并不存在严重的共线性。

（四）评估模型

有关政府投资激励政策对企业生产率影响的计量评估模型见式（3-2）：

$$\ln(TE_{it}) = \alpha_0 + \alpha_1 SEZ_{it} + \sum \alpha_k X_{k,it} + \varepsilon_i + \gamma_t + \theta_d + \eta_{it} \tag{3-2}$$

式（3-2）中，TE为利用面板随机前沿技术估算的企业生产率，我们将其进行对数化处理，以减弱异常值的影响。SEZ为倍差模型中的双重差分项，具体

① 样本包括了县级政府和县级市政府是否批设经济技术开发区的信息。

含义是企业所在县当年是否有批设省（或以上）经济技术开发区（含高新技术开发区）；如果批设为1，否则为0。X 为一系列控制变量；ε_i，γ_t 和 θ_d 分别为企业个体、时间和所属行业固定变量。通过控制三个层面的固定效应，将企业不可观测的非时变特征，全国性的时序冲击及行业属性可能造成的估计偏误进行了控制。值得特别说明和指出的是，由于企业固定效应和时间固定效应会吸收“政策改革地区虚变量”和“政策时点虚变量”，实证模型中便不再对这实验组虚变量和改革时点虚变量进行控制。

三、政府投资激励对企业生产率影响的实证结果

（一）基准回归结果

我们首先通过逐步回归法的方式检验了政府投资激励对企业生产率的影响，具体结果见表3-1。

表3-1　政府投资激励对企业生产率影响的基础回归

变量	模型1	模型2	模型3	模型4
投资激励双重差分项	-0.0032*** (-6.42)	-0.0021*** (-4.59)	-0.0017*** (-3.16)	-0.0014*** (-2.69)
常数	2.3981*** (628.02)	2.1633*** (437.72)	2.3837*** (576.42)	2.1815*** (371.76)
企业层面变量	无	控制	无	控制
地区层面变量	无	无	控制	控制
企业固定效应	控制	控制	控制	控制
行业固定效应	控制	控制	控制	控制
时间固定效应	控制	控制	控制	控制
R^2值	0.2093	0.3651	0.1924	0.2952
F值	341.3700***	594.4000***	199.2500***	301.6700***
观测值	76781	76781	56325	56325

注：***，**和*分别代表在1%，5%和10%的置信度上显著。
资料来源：工业企业数据库和Stata软件计算处理。

如表3-1所示，在模型1中，呈现的是仅控制企业、行业和时间固定效应

的估计结果；模型2中加入企业层面控制变量，包括投资规模、企业年龄、融资成本、企业性质虚变量等；模型3中为控制地区层面宏观变量，具体包括：人均GDP、人均财政支出、人均财政专项补助、人均一般转移支付补助、人均文教支出和地区人口增长率等的估计结果。模型4汇报了同时控制微观层面变量和宏观变量的回归结果。方程估计结果表明，无论控制宏观经济环境特征或企业自身特征或将两者同时控制，政府投资激励都显著降低了企业生产率，处于政策实验所在地的企业生产率显著下降。平均而言，政府投资激励政策带来企业生产率负向影响的系数达到0.14%。接下来，我们将对政府投资激励影响企业生产率的传导机制进行细分检验。

（二）传导机制检验

根据理论机制分析，政府投资激励影响企业生产率的途径包括：降低企业税收负担、改善企业融资能力、分享劳动力池以及公共基础设施网络效应。这里使用倾向匹配得分技术，以企业总产值、投资规模、企业年龄、融资成本作为匹配指标，在控制地区效应和时间效应的基础上通过“一对一”匹配方式，依次检验了经济技术开发区所在地企业和非经济技术开发区所在地企业在税收负担、资产负债率、融资成本、劳动力规模、劳动力报酬和企业所在地基础设施投资六类指标上的差异。

从表3－2的第一部分倾向匹配分析结果来看，经济技术开发区所在地企业的税收负担显著低于非经济技术开发区所在地的企业。企业融资能力上，经济技术开发区所在地企业的资产负债率更高，企业受集聚“金融外部性”影响，融资能力得到增强。同时，经济技术开发区组别企业融资成本相对较低，表明政府投资激励政策创造的金融外部性促使企业间熟识程度不断提高、搜寻成本不断下降，降低了企业的债务融资成本。劳动力池方面，经济技术开发区所在地企业扩大了雇用劳动力规模并支付了更高的劳动力报酬，政府投资激励有利于企业吸引人力资本、改善生产投入的劳动力结构。从政府投资激励的基础设施网络效应看，经济技术开发区所在地基础设施投资密度更高，公共基础设施网络效应更加显著。

我们进一步依次检验了各传导机制指标对企业生产率的影响，结果见表3－2第二部分回归分析结果。分析结果表明，政府投资激励的集聚外部性效应显著成立：加大基础设施建设、提高企业负债能力、降低企业融资成本、形成较大的劳动力规模都有利于提高企业生产率。然而，劳动力报酬的提高、企业税收负担的降低则会导致企业生产率下降。各估计方程中的控制变量与表3-1中的模型2相同，这里不再赘述。

表3-2　　　　　　传导机制的验证

指标	税收负担	资产负债率	融资成本	劳动力规模	劳动力报酬	基础设施投资
倾向匹配分析结果						
非经济技术开发区企业	0.0190	0.5578	0.0220	5.3649	2.4762	44.9681
经济技术开发区企业	0.0163	0.5619	0.0202	5.4117	2.6331	49.4101
系数差异	-3.4000***	9.7700***	-4.4800***	2.2600**	20.3800***	3.5600***
回归分析结果						
企业生产率	0.0182*** (3.3700)	0.0190*** (28.6200)	-0.0851*** (-21.9900)	0.0420*** (202.0600)	-0.0001*** (-3.6600)	0.0000*** (4.3300)
R^2值	0.4671	0.4147	0.4122	0.5924	0.4130	0.3754
观测值	92245	104155	104155	104155	103933	92512

注：***，** 和 * 分别代表在1%，5%和10%的置信度上显著。
资料来源：工业企业数据库和Stata软件计算处理。

接下来，我们在式（3-2）的基础上，再依次纳入六类传导类指标与投资激励双重差分项的三重差分项，检验政府投资激励对企业生产率的影响机制，具体计量模型见式（3-3）：

$$\ln(TE_{it}) = \alpha_0 + \alpha_1 SEZ_{it} + \alpha_2 SEZ_{it} + \phi_{it} + \sum \alpha_k X_{k,it} + \varepsilon_i + \gamma_t + \theta_d + \eta_{it} \quad (3-3)$$

式（3-3）中，ϕ_{it}为传导机制变量，而控制变量中则具体包括了人均GDP、人均财政支出、人均财政专项补助、人均一般转移支付补助、人均文教支出、人口增长率、融资成本、投资规模、企业年龄和企业性质虚变量等。表3-3中汇报了具体的估计结果。

估计结果表明，政府投资激励对企业生产率存在正、负两种传导效应：从正向效应来说，政府投资激励的“劳动力池”效应显著。投资激励交乘变量与劳动力规模三重差分项显著为正，表明经济技术开发区所在地工业企业通过分享“劳动力池”提高了生产效率。熟练劳动力的集聚更易于形成学习扩散效应，提高企业员工的技能水平，进而促进企业生产率。虽然劳动力报酬的上升增加了企业生产成本，但从系数的经济意义上分析，扩大劳动力规模、吸引高素质劳动力的流入，其正向效应显著超过了劳动力成本增加的负向效应。信贷约束上，资产负债率与投资激励政策双重差分变量的三重差分项显著为正，说明政府投资激励形成的金融外部性效应显著。政府投资激励政策降低了企业的偿还成本，位于设有经济技术开发区县的企业通过负债能力的提升推进了企业生产率改进。

表 3-3　　传导机制的验证

变量	基础机制检验				
投资激励双重差分项	-0.0018*** (-3.2100)	-0.0060*** (-7.1700)	-0.0980*** (-53.6400)	-0.0035*** (-3.3800)	-0.0007 (-1.150)
投资激励双重差分项×税收负担	0.0256*** (2.5900)	—	—	—	—
投资激励双重差分项×资产负债率	—	0.0082*** (7.0200)	—	—	—
投资激励双重差分项×劳动力规模	—	—	0.0180*** (55.0100)	—	—
投资激励双重差分项×劳动力报酬	—	—	—	0.0010** (2.3600)	—
投资激励双重差分项×基建设施投资	—	—	—	—	0.0000 (0.2200)
常数	2.1342*** (349.4900)	2.1799*** (371.7500)	2.1965*** (386.1300)	2.1821*** (372.1900)	2.2046*** (334.6800)
其他控制变量	控制	控制	控制	控制	控制
企业固定效应	控制	控制	控制	控制	控制
行业固定效应	控制	控制	控制	控制	控制
时间固定效应	控制	控制	控制	控制	控制
R^2值	0.3664	0.2957	0.3377	0.2946	0.2415
F值	365.2900***	327.5200***	397.8900***	325.5000***	201.7700***
观测值	46778	56325	56325	56282	46895

注：***，**和*分别代表在1%，5%和10%的置信度上显著。

资料来源：工业企业数据库和Stata软件计算处理。

从负向效应看，企业实际税负的下降对提高企业生产率存在显著的不利影响。经济技术开发区所在地企业享受了较多的政府税收庇护，但企业对政府的税收庇护可能产生“政策依赖”，缺乏生产率改进动力。在地方经济竞争的驱动下，地方性的税收优惠政策是地方政府对企业提供“经济保护”的一种重要方式。然而，过度依赖不可持续的地方性税收优惠政策，容易导致企业形成“地方保护”预期，损害了市场正常资源配置机制，对企业提高生产率产生不利影响。

总的来说，政府投资激励对企业生产率同时存在正、负两种影响效应。一方面，政府投资激励政策降低了企业税收负担，但过度的税收庇护可能导致企业缺乏改进生产率的动力。另一方面，政府投资激励强化了地区对高水平劳动力的吸引力、优化了企业融资配置方式，促进了企业生产率的提高。考虑到政府投资激励对企业生产率的总体负向效应，政府税收庇护的负向效应可能占主导地位。

（三）行业间异质性差异检验

这一部分，我们拟对政府投资激励政策在各技术行业的影响效应进行异质性分析。由于不同技术层级的行业在资本密集度和劳动力结构上存在差异，政府投资激励政策对不同技术行业的冲击效应可能存在差异。以下将进一步区分不同技术行业，检验不同行业的企业对政府投资激励政策的反应差异性，并分析其内在机制。

这里借鉴经济合作与发展组织（OECD）和既有研究的做法，将不同行业划分为五种类型：低技术行业包括农副食品加工业、食品制造业、纺织业、纺织服装鞋帽制造业、皮革毛皮羽毛及其制品业、造纸及纸制品业；中低技术行业包括塑料制品业、非金属矿物制品业和金属制造业；中高技术行业包括化学原料及化学制品制造业、通用设备制造业、专用设备制造业、交通运输设备制造业；高技术行业包括仪器仪表及文化办公用机械制造业、医药制造业、通信设备计算机及其他电子设备制造业；服务技术行业包括电力、燃气和水的生产和供应业。我们经过粗略的统计性分析发现，服务技术行业平均企业生产率为88.33%，高技术行业和中高技术行业平均企业生产率为88.79%和89.21%；中低技术行业和低技术行业企业生产率平均值为89.05%和88.99%；由此可见，不同技术行业的企业生产率存在较大的差异。分行业检验的回归结果见表3－4。

表 3－4　　　　　　　分技术行业的异质性检验

行业	投资激励双重差分	税收负担三重差分	资产负债率三重差分	劳动力规模三重差分	劳动力报酬三重差分	基础设施投资三重差分
低技术行业	－0.0013 (－1.3400)	－0.0039 (－0.8900)	0.0077*** (3.8200)	0.0252*** (48.6500)	0.0017** (2.5800)	0.0000 (1.1900)
中低技术行业	－0.0079*** (－7.4700)	0.0815*** (3.7700)	0.0003 (0.090)	0.0241*** (39.0500)	0.0020*** (3.1800)	0.0000** (2.3400)
中高技术行业	－0.0040*** (－2.9300)	0.0563*** (2.3400)	－0.0108*** (－4.3400)	0.0245*** (36.7000)	0.0019** (2.23)	－0.0000 (－0.2800)
高技术行业	0.0017 (1.1000)	0.0789** (2.4300)	0.0022 (0.7000)	0.0276*** (33.7900)	0.0065*** (4.4900)	－0.0000 (－0.1400)
服务技术行业	0.0001 (0.0700)	0.0095 (0.3200)	－0.0160*** (－4.8400)	0.0220*** (9.4000)	－0.0010 (－0.7100)	－0.0000 (－0.2700)

注：***，**和*分别代表在1%，5%和10%的置信度上显著。

资料来源：工业企业数据库和 Stata 软件计算处理。

表3－4中第2列报告分行业的基础回归结果，第3—7列则分别报告了在基础回归模型中加入税收负担三重差分项、资产负债率三重差分项、劳动力规模三重差分项、劳动力报酬三重差分项，以及基础设施投资三重差分项的回归结果。与此同时，所有模型都控制了企业、行业和时间固定变量，其他控制变量与表3－1中模型4相同。

分技术行业的异质性分析显示，除了低技术行业和服务行业，税收庇护的负向效应在其他行业模型中基本显著成立，税收庇护产生的“政策依赖”会导致企业缺乏改进生产率的动力。由于低技术行业对经济增长的贡献率较低，地方政府对该行业的税收优惠政策偏少，企业对税收庇护的依赖程度不高，因此税收庇护的负向效应在该行业并不显著。而对于服务行业而言，绝大部分企业都是与政府紧密相关的准垄断性质企业，生产率变动比较平稳（即变动性不大），因此，回归系数没有呈现统计显著性。

政府投资激励导致企业负债能力的改变对中低技术行业和中高技术行业（含服务行业）存在不同影响。在中低技术行业，政府投资激励下企业增加负债率有利于企业提高生产率；而对于中高技术行业和服务技术行业，政府投资激励下企业增加负债率不利于企业提高生产率。导致出现这一结果的背后原因可能在于：相较而言，中低技术行业融资渠道相对单一，金融外部性对提高企业生产效率的促进作用更加明显。而投资期限长，偿债压力小的权益投资更利于中高技术行业和服务技术行业提高企业生产率。

劳动力池的正向效应在不同技术行业中的正向激励作用都比较显著。实证结果表明，无论资本密集度高低，在政府投资激励政策的引导下，企业吸引高技能劳动力、扩大劳动力规模都有利于企业生产率的增长。这一结果也同时暗示了，大规模、高密度的资本投入对增进企业生产率的边际效用在逐步下降。激励并保障企业形成以高技能劳动人才为主的劳动力结构，可能更有利于企业生产率的提高。

（四）不同所有权性质企业的差异性检验

由于不同所有权性质的企业与政府的隶属关系不同，所以它们受到政府投资激励政策的影响程度也是不同的。在这一部分中，我们进一步按照企业所有权特征进行群组划分，观察不同权属性质企业在政府投资激励政策中的受益差异性。

从估计结果来看，政府的税收庇护对国有企业和私人企业生产率的逆向作用显著，但税收庇护对集体企业生产率有明显的正向促进作用。回归结果与政府重点对国有企业和大型民营企业提供税收庇护的事实吻合。一直以来，国有企业享受了较多的税收优惠政策；而地方政府为了吸引大型民营企业留在本地，也会对它们实施比较宽松的税收政策。受到政府税收庇护，这两类企业改进生产率的动力不强。对于受政府税收庇护程度较小的集体企业，适当的减税激励有利于它们提高企业生产率。

政府投资激励带来的负债效应在外资企业和私人企业模型中显著成立。这一结论反映出，相对于国有企业和集体企业而言，私人企业和外资企业融资约束的缓解在实施政府投资激励政策后最明显。考虑到国有企业和集体企业在享受银行信贷上的便利性，结论表明，增进企业生产率的政策目标下，放松非国有企业信贷约束应该成为政府投资激励政策的重要内容。

劳动力池外溢效应在所有性质企业模型中均显著。结论表明，在提升企业生产率的过程中，引导企业吸引高技能劳动力，使企业充分分享集聚带来的劳动力池规模效应十分重要。

实证结论表明，政府实施投资激励政策时，应合理引导高素质人力资本在不同企业间的优化配置，进一步培育产业集聚的金融外部性，尽量避免国有企业和私有企业对政府税收庇护的过度依赖。

（五）投资激励政策动态效应检验

县批设经济技术开发区经历了两个高峰期：1992—2002 年是县批设省（或以上）经济技术开发区的第一个高峰期，改革地区容易建立“先发性”战略优势。2006—2009 年（尤其是 2006 年）是改革第二个高峰期，改革地区可以发挥“政策模仿”优势，但也可能存在政策模仿效应递减。这里区分两组样本：第一组样本使用 2002 年已经批设成立经济技术开发区和样本年份内从未批设经济技术开发区所在地企业进行面板差分估计。第二组使用 2006 年批设成立经济技术开发区和从未批设经济技术开发区所在地企业进行面板差分估计。据此，我们评估政府投资激励政策的动态效应，具体结果见表 3－5。

表 3－5　　政策传递效应

样本区间	投资激励双重差分项	税收庇护三重差分项	资产负债率三重差分项	劳动力规模三重差分项	劳动力报酬三重差分项	基础设施投资三重差分项
2002 年批设~未批设	0.0010 (0.4400)	0.0217 * (1.7400)	0.0156 *** (10.3200)	0.0371 *** (72.2900)	0.0005 (1.1400)	0.0000 (0.2600)
2006 年批设~未批设	－0.0008 (－1.2700)	0.0226 (1.3700)	－0.0016 (－0.7500)	0.0053 *** (11.5700)	0.0020 ** (2.4200)	－0.0000 *** (－3.1800)

注：***，** 和 * 分别代表在 1%，5% 和 10% 的置信度上显著。

资料来源：工业企业数据库和 Stata 软件计算处理。

表 3－5 中的第 2 列报告分行业的基础回归结果，第 3—7 列则分别报告了基础回归模型中加入税收庇护三重差分项、资产负债率三重差分项、劳动力规模三重差分项、劳动力报酬三重差分项，以及基础设施投资三重差分项的回归结果。所有模型都控制了企业、行业和时间固定变量。其他控制变量与表 3－1 模型 4 相同。不难看出，随着新批设经济技术开发区数量的逐步增加，政府投资激励效应呈现逐步减弱趋势，诸如税收庇护效应和资产负债效应的递减趋势十分显著。但是，企业在政府投资激励的驱动下，通过扩大劳动力雇佣规模、享受劳动池外溢效应的机制仍十分稳健。

（六）稳健性检验

（1）创新产品增加值。如果政府投资激励不利于企业提高生产率，则企业基于生产率创新驱动产出的新产品增加值应该下降。在第一个稳健性检验中，我们通过更换被解释变量的方式进行稳健性检验。我们对企业生产率的衡量方式为：该企业当年新产品增加值大于0，则被解释变量赋值为1；否则为0。此外，笔者删除了没有报告新产品增加值的样本。我们在控制了企业、行业和时间固定效应后，依次检验了企业生产率、政府投资激励对企业新产品增加值的影响及其内在传导机制，具体结果在表3-6中进行了报告。

表3-6　　政府投资激励对企业新产品增加值的影响

变量	模型1	模型2	模型3
企业生产率	4.7028*** (52.9200)	—	3.9321*** (29.15)
投资激励双重差分项	—	-0.0401*** (-2.8500)	—
投资激励双重差分项×企业生产率	—	—	-0.0158** (-2.73)
常数	-5.1965*** (-26.9300)	5.6857*** (37.1000)	-2.4187*** (-7.64)
其他变量	控制	控制	控制
企业固定效应	控制	控制	控制
行业固定效应	控制	控制	控制
时间固定效应	控制	控制	控制
R^2值	0.4104	0.2941	0.3099
F值	33.6400***	226.9600***	241.05***
观测值	91614	46562	46562

注：***，**和*分别代表在1%，5%和10%的置信度上显著。

资料来源：工业企业数据库和Stata软件计算处理。

表3-6中模型1汇报了企业生产率对企业创新增加值影响的估计结果。在模型2和模型3中，我们进一步检验了政府投资激励对企业新产品增加值，以及政府投资激励通过影响企业生产率进而影响企业新产品增加值的作用效应。检验结果显示，企业生产率与企业新产品增加值之间存在显著的正向关系；而政策实验所在地企业新产品增加值显著下降。进一步，纳入投资激励双重差分项与企业生产率的三重差分项检验发现，政策实验所在地企业生产率下降、不利于企业新产品增加值的增长。这也意味着，政府投资激励存在降低企业生产率的逆向激励，基本结论是稳健的。企业层面控制变量与地区宏观层面控制变量

与表3-1相同，这里不再赘述。

（2）反向因果。在上面的实证研究中，我们通过尽量多地控制相关变量的方式减弱遗漏变量可能引起的计量偏误。但是，如果省级（或以上）政府主动选择低生产率企业集聚的县成为实验对象，我们的研究结论仍可能受反向因果的影响。针对这一问题，我们首先对“关于批设省（或以上）经济技术开发区（含高新技术开发区）”的一系列政策文件进行文本分析。通过资料整理发现，经济技术开发区是以发展“知识密集型”和“技术密集型”工业为主的特定区域，实施特殊的优惠政策。从各地省级政府公开的政策文件来看，并没有出现“企业生产率低的县优先批设经济技术开发区”的相关文字描述。

为了进一步证实上述假设，这里检验了企业生产率是否会逆向影响县批设省（以上）经济技术开发区（含高新技术开发区）。我们以“县（或市）是否设立经济技术开发区”为被解释变量，将企业生产率的滞后一期至滞后五期依次纳入基础回归模型，检验企业生产率是否会影响政府选择企业所在地作为政策实验地区。

表3-7汇报了估计结果。所有模型均控制了企业、行业和时间三层固定效应，同时控制变量为基础回归所选择控制变量的滞后一期。研究结论表明，企业生产率的滞后项系数均不显著，企业生产率不是县被批设成立经济技术开发区的驱动因素，模型不存在严重的反向因果关系，结论是稳健的。

表3-7　　　　反向因果检验

变量	滞后一期	滞后二期	滞后三期	滞后四期	滞后五期
企业生产率	-0.0857 (-1.6100)	-0.0638 (-1.1800)	-0.0811 (-1.5300)	-0.0088 (-0.1700)	-0.0234 (-0.4500)
控制变量滞后一期	控制	控制	控制	控制	控制
企业固定效应	控制	控制	控制	控制	控制
行业固定效应	控制	控制	控制	控制	控制
时间固定效应	控制	控制	控制	控制	控制
观测值	46910	46910	46910	46910	46910

注：***，**和*分别代表在1%，5%和10%的置信度上显著。

资料来源：工业企业数据库和Stata软件计算处理。

（七）实证小结

政府实施投资激励政策能否有效提高企业生产率对经济健康发展有重要意

义。在这一章中，我们采用了“县批设成立省（或以上）经济技术开发区（含高新技术开发区）”的政策实验，通过构建倍差法模型，实证检验了政府投资激励对企业生产率的影响。研究结论显示，一方面，从平均净效应上看，政府投资激励不利于企业提高生产率。其中，政府的税收庇护式政策可能导致企业产生政策依赖，减弱了企业的生产率改进动力。但另一方面，政府投资激励政策所产生的“金融外部效应”和“劳动力外部效应”，有利于企业的人力资本积累和知识扩散，提高了企业生产率。从政策效应的动态趋势看，虽然政府投资激励对企业生产率负向效应随时间不断减弱，但政府投资激励产生的劳动力正向外溢效应在样本年份内十分稳健。研究还发现，政策实验所在地企业负债能力的改善有利于中低技术行业企业生产率的提高，中高技术行业和服务技术行业企业生产率提高更有赖于权益投资结构优化。另外，税收庇护对企业生产率的负向效应在国有企业和私有企业中最为显著，税收庇护有利于集体企业生产率的提高。然而，无论哪一种所有权性质企业，它们从政府投资激励形成的“劳动力池效应”中受益都十分显著。

根据研究结论，我们认为，政府通过设置经济技术开发区的方式进行投资激励存在一些问题，过多的税收优惠政策可能并不利于企业产生持续改进生产率的动力。因此，政府投资激励政策体系应该做出适当的结构性调整。可供选择的政策方式包括：第一，政府在维持企业合理税收负担的基础上，着力减少地方政府对辖区内企业进行税收庇护的微观政策干预。第二，政府应集中财力，通过制度创新继续增强并拓展基础设施网络建设和金融网络建设，为培育行业集聚提供良好的外部环境。第三，鼓励企业储备高素质人力资源，创新地区人才吸引制度，通过人力资本结构优化带动企业生产率的不断提高。

第四章　政府投资干预的福利效应评估

一、政府投资干预福利效应的理论基础

（一）政府干预福利效应的研究背景

民无信不立，构建信任，确保社会不同团体共担责任，其最后的成果是增进公共福利、为弱势群体创造机会。从“信任”延伸，近些年来，社会信任——“个人基于对象群体的构成、教养等一般性知识产生的信任”或“个人对所属社区的参考群体和整个社会系统产物的主观评价”作为一种非正式制度和社会福利效应的重要参照指标，有关其效应测度及影响机制的研究日益受到关注（Durlauf and Fafchamps，2005；Zak and Knack，2001；Akcomak and Weel，2009）。社会信任是社会资本的重要组成部分，Jesús 和 Emili（2013），Horvath（2012）等使用跨国数据分析发现，社会信任在促进经济发展上有积极效应。严成樑（2012）将社会资本作为经济增长的内生化因素，他研究发现，社会资本对促进高水平创新和经济增长有显著的作用。Boix 和 Posner（1998）研究发现，基于社会信任而产生的社会契合度，有利于培养政治决策创新，并增加地方政府在应对宏观环境变化时的政策灵活性，是改善公共政策效应的基础。因此，社会信任作为一种外在的、像法律一类的“惩戒式”或“预防式”的机制，在降低社会交往的复杂性，促进地方政府财政预算制定、法律改革、社会服务推行、工农业改革和社会稳定上的优势成了共识（Schaltegger and Torgler，2007）。

从社会信任往前延伸，社会资本的制度理论提出，如果要扩大社会信任，就必须融入包括正式的政治法律制度在内的政治背景；即由清正、廉洁的政府构建一种制度结构，让居民互相相信彼此。由此，政府信任（或政治制度信任）成为改善社会信任的基础性条件。然而随着市场经济制度改革的推进，政府在

公共管理过程中产生的信任危机却有日益增加的趋势，政府信任危机事件时有发生，都显露出在中国城镇化进程中地方政府公共管理职能的缺失（胡荣等，2011；孙昕等，2007）。在增进社会信任的总体目标下，如何改善政府干预市场的路径、加强政府信任的讨论逐步升级：政府应该减少干预让位于市场，还是在维持既有的公共干预水平下侧重于干预手段的优化调整？

（二）政府干预福利效应的产生机制

政府干预影响政府信任的传导机制包括：经济增长绩效、社会福利分享和政府制度质量。公众将社会管理权委托给政府行使，期望维持并获得相应的权利和利益，这是维系政府和民众“代理关系”和“政府信任”的最重要因素（Craig and Stephen，1993）。居民参与经济和福利成果分享的程度、分享额度的增减程度，构成了政治信任的主要因素。政府干预实为依靠公共权力介入市场机制运行并改善资源配置的工具；那么，政府干预能否有效推动经济增长，弥补市场资源配置的效率损失，会显著影响政府信任评价。当市场机制无法满足资源配置效率时，市场需要政府干预的介入，提供市场条件下无法有效提供的公共产品，并通过公共资源的合理配置提高私有品的边际产出率（Acemoglu et al.，2001）。Miller 和 Borrelli（1991）研究发现，经济状况显著影响了居民对政府的信任评价，居民对经济表现不满时政府信任下降，而当经济繁荣上涨时政府信任度提高。

社会公共福利项目及其分配政策，是政府干预影响政府信任的第二个渠道。社会公共福利项目的再分配性强，是实现“经济平等”乃至“机会平等”的重要途径。经验研究表明，机会平等是未来经济改善的基础，公共教育、劳动力平等性政策等直接影响了居民对政府的信任评价（博·罗斯坦，2012；Rothstein B.，2003）。李涛等（2008）研究认为，诸如教育、医疗、文化等公共支出培养了社会团体组织能力和社会规范，通过内生互动和扩展增强了居民一致性，“示范效应”[①] 和居民间的正向外溢性（spillovers）流动促进了政府信任，也提高了居民互信。Pew Reasearch Center（1998）实证研究发现，政府信任取决于政府能否有效关注并治理公共安全、贫困和儿童等公共服务问题。“公共资源池”的拥挤性要求政府加大公共支出规模，调节收入分配差距并保持整体福利水平。

---

① 示范效应本指消费者的消费行为会受到与他亲近的其他消费者的影响，后来这一概念被引入政府行为中。本书中的示范效应是指政府建立起的社会规范和标准，成为居民模仿和学习的行为准则，进而降低了居民行为的异质性。

Magnus 和 Jordahl（2008）研究表明，居民的收入差异会降低居民互信程度，政府合理的收入分配政策可以发挥积极的社会信任效应。但也有研究得出不同的结论，史宇鹏等（2011）利用中国综合社会调查数据的实证研究表明，政府收入分配机制对社会信任影响不显著，原因在于过度的政府干预和糟糕的制度环境。

政府制度质量，是政府干预影响政府信任的第三个渠道。首先，现代国家治理体系中，政府信任很大程度上又称为“制度信任”（上官酒瑞，2013）。如果公共支出的配置和使用缺乏合理制度的约束，制度质量的下滑将引发政府信任程度的下降（Tella and MacCulloch，2009）。公共选择理论认为，政府活动未必能够有效校正市场失灵，由于存在政府决策无效率、生产无效率和配置无效率，政府活动本身可能就会造成巨大的资源浪费，降低政府信任（王永钦，2013）。Nye（1997）认为政府无效率、浪费公款并将资金花费在错误的政策上，会加剧民众对政府的不信任。其次，制度质量会影响政府干预的经济增长效应。政府干预以公共支出为载体，公共支出的筹资压力可能导致“攫取效应”。陈抗等（2002）研究认为，分税制改革后财政集权加剧了地方政府从“援助之手”转向“攫取之手”，虽然政府的市场干预程度不断加大，但却是以大量预算外和制度外收入对市场效率的干扰为代价①。“腐败”“寻租活动”等成了破坏“社会契约”最常见的短期政府行为。V. Dimitrova-Grajzl 等（2012），Zhuravskaya（2000）认为寻租是“政府失灵”中导致居民信任下降的重要原因，当普遍存在寻租行为时，政府支出干预会阻碍私人投资、不利于调动创新积极性并降低市场配置效率。最后，制度环境会影响社会公共项目的福利效应。社会公共项目要求居民支付更高额的税收，只有居民从公共项目中收获了相应的服务和利益，才会形成对政府的信任。如果制度质量过低，腐败会导致资源从大众转移到精英手中，并且导致公共支出配置结构偏离公共偏好（Faguet，2004）②。“腐败”的经验研究普遍支持，在不良的制度环境下，政府会加大投资性领域投资，缩减公共福利性支出，是导致经济不平等和信任度低的温床（Shleifer and Vishny，1998）。

---

① “援助之手”往往出现在当权者地位稳定，自身利益与社会繁荣关系密切相关的情况下。“攫取之手”容易出现在当权者行为短期化的情况之下。公共支出增长可能存在不同形式：一种是基于地区经济发展和税收收入增长，在预算既定增长目标下实施的正常增长；另一种是通过将预算内资金向预算外转移，以非预算内收入增长带动公共支出规模增长，而这更多显现的则是“攫取之手”的效应。

② 比如在晋升激励冲动下主观扩大投资性领域支出，而挤压社会福利性支出。

（三）理论分析框架

我们通过构建一个简单的理论分析框架，考察政府干预影响政府信任的效应及传导机制。

不存在政府干预的情况下，政府信任评价主要受到“市场失灵”的影响，表达式为 $T(R^-)$。使用 marfail 表示市场失灵程度，χ 表示市场失灵对政府信任损失的影响。Magnus 和 Jordahl（2008），Alesina 和 Ferrara（2000）等研究发现，“市场失灵”的负向效应导致社会的普遍信任降低，关系表达式为 $\chi(marfail)$，$d\chi/dmarfail>0$。因此，“市场失灵”导致的政府信任损失见式（4-1）：

$$T(R^-) = \chi(marfail) \tag{4-1}$$

将政府干预纳入政府信任的分析框架，首先，考虑政府干预的“积极效应”。如果政府干预通过有效的经济调节、提供社会福利性公共项目等手段，减小了市场配置效率损失并提高了居民社会福利，则有利于提高政府信任。

我们设定政府干预对“市场失灵”政府信任损失的“减损效应”为 ϕ，则 $\phi\cdot\chi<\chi$，$0<\phi<1$。ϕ 越小，政府干预对“市场失灵”信任损失的减损度越高。政府干预的“信任减损”效应是“制度质量”（ins）[①]和“政府干预程度”（exp）的函数 $\phi=\phi(exp, ins)$：一方面，政府干预程度越大，其“减损效应”越强，$d\phi/dexp<0$；另一方面，制度质量越差、寻租行为（rent-seeking）越频繁，政府干预积极效应被削弱，政府干预对政府信任损失的减损程度越小，$d\phi/dins>0$。

其次，考虑政府干预对政府信任的“负向效应”。如果存在政府干预的“政府失灵”[②]（干预资金筹集产生的超额税收负担或公共支出决策配置“内生低效”），政府干预产生“攫取效应”，降低政府信任（Shleifer and Vishny，1998；陈抗等，2002）。假定政府干预“失灵”造成信任损失成本是 $\iota(exp)\cdot\phi(ins)$。$\iota(exp)$ 为“干预失灵发生率”，政府干预规模越大、干预失灵发生率越高，$d\iota/dexp>0$。$\phi(ins)$ 表示政府干预失灵的单位成本，制度质量越差政府干预失灵的单位成本越高，$d\phi/dins>0$。因此，考虑政府干预的情形下，政府信任损失表达式如式（4-2）：

$$T(R^+) = \chi(marfail)\cdot\phi(exp,ins) + \iota(exp)\cdot\phi(ins) \tag{4-2}$$

---

① ins 越大，制度质量越差。

② 内生低效现象是指由于官员缺乏专业知识，公共管理约束机制缺失，技术生产人员工作低效率等导致的公共支出配置低效和公共服务产出低效。

最后，考虑“制度质量”对政府信任的影响。Aghion 等（2010），Ljunge（2014）利用欧洲等跨国数据研究表明，民主、公平的政治和法律制度，自主进行经济决策的社会环境有利于培养政府信任。Tella 和 MacCulloch（2009）研究发现，缺乏有效的制度监管环境，会加剧市场的非理性经济行为，导致普遍信任感下降。Bisin 和 Verdier（2010）研究发现，制度通过其文化价值理念在家庭间代际传承持续影响居民社会互信。在研究“腐败”的相关文献中，官员行为被认为是“制度”的化身，官员通过扭曲信息结构、“滥用”裁量权等方式减弱制度的积极效应，直接降低居民对政府的评价。制度质量与政府信任损失的关系式为 $\lambda=\lambda(ins)$①，且 $d\lambda/dins>0$。考虑政府干预后，政府信任损失的表达式见式（4-3）：

$$T(R^+)=\chi(marfail)\cdot\phi(exp,ins)+\iota(exp)\cdot\phi(ins)+\lambda(ins) \quad (4-3)$$

如果预期政府干预提高政府信任，则要求考虑政府干预后的政府信任损失小于不考虑政府干预的信任损失，即 $\Delta=T(R^+)-T(R^-)<0$：

$$\Delta=\chi(marfail)\cdot[\phi(exp,ins]-1)+\lambda(ins)+\iota(exp)\cdot\phi(ins) \quad (4-4)$$

分析政府干预对政府信任的影响和作用机制，主要考察各个影响因素对 $T(R^+)-T(R^-)$的偏导效应。我们依次将 Δ 对制度质量和政府干预求偏导，得到式（4-5）和式（4-6）：

$$\partial\Delta/\partial exp=\chi\cdot d\phi/dexp+\phi\cdot d\iota/dexp \quad (4-5)$$

$$\partial\Delta/\partial ins=\chi\cdot d\phi/dins+d\lambda/dins+d\phi/dins\cdot\iota(exp) \quad (4-6)$$

分析式（4-5）发现：加大政府干预对政府信任的影响不确定。如果政府干预对市场失灵的“减损”效应占主导效应（$\chi\cdot|d\phi/dexp|>\phi\cdot|d\iota/dexp|$），则政府干预有利于增加政府信任评价。如果政府干预产生的超额负担超过其“减损效应”（$\chi\cdot|d\phi/dexp|<\phi\cdot|d\iota/dexp|$），加大政府干预将降低政府信任评价。

从式（4-6）分析可得，其他条件不变，制度质量下降会增加政府干预的信任损失：第一，制度质量变差导致政府干预“减损效应”下降；第二，制度质量变差直接降低政府干预的信任评价；第三，较差的制度质量增加“政府干预”失灵的额外成本负担。

根据理论分析，在这一章中，我们拟检验以下三个假设：

假设 4.1a：增加政府干预减少政府信任损失，提高政府信任评价，即$\partial\Delta/\partial exp<0$。

① 既有文献多利用“腐败”指标衡量官员行为有效性和制度环境的“清廉”。

假设 4.1b：增加政府干预增加政府信任损失，降低政府信任评价，即$\partial\Delta/\partial exp>0$。

假设 4.2：制度质量变差增加了政府干预的信任损失，即$\partial\Delta/\partial ins>0$。

（四）政府投资干预福利效应的建模思路

政府干预能否提高居民的政府信任，需要关注其经济增长绩效、福利分配绩效和制度质量。在这一章的研究中，我们主要进行以下实证研究：第一，以"政府信任"衡量政府投资政策可能产生的福利效应，研究政府支出规模对政府信任的影响。第二，重点测度政府在社会服务领域的投资能否有效地促进居民对政府的信任。第三，实施多维度的稳健性检验益于提出政府投资干预政策的优化动态调整方式。我们将使用世界价值观的微观调查数据库，利用有序选择离散模型检验政府投资激励政策的福利效应。

二、政府投资激励福利效应的评估方法

（一）数据来源

我们利用居民对辖区政府的信任评价作为测度政府信任的指标，同时也选取了居民对政党、司法机关和大型企业的信任指标①，作为研究政府信任的辅助性指标。

研究的微观数据来自于1989—2012年WVS（World Value Survey）数据库，该数据库是利用PPS抽样方式对全球居民价值观进行调查，我们截取了对中国居民价值观调查的数据样本。价值观调查涉及年份分别为1990年、1995年、2001年、2007年和2012年。其中，1990年、2001年、2007年和2012年分别记录了调查对象所在省份，而1995年只记录微观个体所在区域（东部、中部、西部）。由于无法识别个体所在省份，本章只选取了1990年、2001年、2007年和2012年四个调查年份的数据，有效样本为4015个②。选取的微观控制变量包括

① 中国大型企业主要由国有企业组成，国有企业资本很大程度是政府依靠公共资源进行投资的结果，因此我们也选取了居民对大型企业的信任指标。

② 1990年调查的省份包括北京、辽宁、吉林、上海、江苏、福建、江西、湖北、云南、陕西、新疆。2001年的调查省份包括北京、河北、山西、内蒙古、辽宁、吉林、黑龙江、上海、江苏、浙江、安徽、福建、江西、山东、河南、湖北、湖南、广东、广西、四川、贵州、云南、西藏和陕西。2007年调查的省份包括辽宁、黑龙江、山西、陕西、河北、北京、江苏、福建、山东、浙江、上海、海南、广东、湖南、湖北、河南、江西、安徽、新疆、宁夏、云南、贵州、广西。2012年调查的省份有北京、河北、辽宁、吉林、黑龙江、上海、江苏、浙江、安徽、福建、江西、山东、河南、湖北、湖南、广东、广西、四川、贵州、陕西、甘肃和青海。

性别、年龄、婚姻状况、家庭状况、就业状况、户主收入情况和家庭收入总规模，以控制影响个体价值偏向的主、客观因素，见表4－1。

表4－1　　　　变量设计及使用说明

指标	变量	问卷标号	调查问题描述
政府信任评价	政府信任1	E069_03	你多大程度上信任大型企业 十分信任=1，信任=2，不信任=3，非常不信任=4
	政府信任2	E069_11	你在多大程度上信任政府 十分信任=1，信任=2，不信任=3，非常不信任=4
	政府信任3	E069_12	你在多大程度上信任政党 十分信任=1，信任=2，不信任=3，非常不信任=4
	政府信任4	E069_12	你在多大程度上信任司法体系 十分信任=1，信任=2，不信任=3，非常不信任=4
微观变量	性别	X001	男=1，女=0
	年龄	X003	今年您多大
	婚姻状况	X007	您的婚姻状况是：已婚=1，未婚=0
	家庭状况	X011	您有多少个孩子
	就业状况	X036	您目前的就业状况是：就业=1，失业 =0
	户主	X040	您是否是家里的主要收入来源（1=是，0=不是）
	收入规模	X047	您家庭的年收入水平
宏观变量	经济增长		当年GDP增加值除以上一年GDP
	就业人员占比		三次产业就业人员占地区人口比
	城镇人口占比		城镇人口占人口比
	投资率		固定资产投资占GDP比
	政府干预		公共预算支出除以地区人口比
	政府干预结构		福利性支出除以公共预算总支出
	税收负担		公共预算收入除以地区人口比

政府干预是研究的核心变量，公共支出是体现政府干预最直接的公共管理工具。研究采用人均公共支出测度政府干预程度，检验政府干预与市场机制之间的“替代效应”；采用公共支出中社会福利性支出占比测度政府在社会福利领域的投资干预，为了保持统计口径一致，这里的福利性支出包括教育、科学技术、文化体育传媒和医疗卫生支出。为避免公共支出可能对政府信任评价的时

滞性影响，我们使用五个年度加权平均值熨平数据波动。一般来说，大规模的政府干预需要居民承担高额的税收负担，而税负感知也是影响居民政府信任评价的重要因素。进一步控制了各地区的税收负担，同样采用五个年度的加权平均值。其他宏观变量还分别控制了人均GDP、劳动力、城市化率和投资率。①

（二）计量技术

根据微观数据库的指标设计方式，选择多元离散选择模型估计政府干预对政府信任评价的影响效应。在排序多元离散选择模型中，作为被解释变量的政府信任评价指标的选择结果是排序的，选择1优于选择2，选择2优于选择3，依次类推。决策者选择不同方案所得到的效用也是排序的，估计模型：$y^* = XB + u$，不同方案的效用关系是：$y=0$，如果 $y^* \leqslant 0$；$y=1$，如果 $0 < y^* \leqslant u_1$；$y=2$，如果 $u_1 < y^* \leqslant u_2 \leqslant \ldots \leqslant y = J$，如果 $u_{J-1} \leqslant y^*$。

$$\begin{cases} P(y=0) = \Phi(-XB) \\ P(y=1) = \Phi(u_1 - XB) - \Phi(-XB) \\ P(y=2) = \Phi(u_2 - XB) - \Phi(u_1 - XB) \\ \cdots\cdots \\ P(y=J) = 1 - \Phi(u_{J-1} - XB) \end{cases} \tag{4-7}$$

Y为政府信任评价指标，X为宏观、微观控制变量。为了保证式（4-7）中所有概率都为正，必须有：$0 < u_1 < u_2 < \ldots < u_{J-1}$。我们采用最大似然法估计对式（4-7）估计并得到参数估计值。

我们分别按照居民微观个体状况和宏观经济指标对政府信任评价进行分组，并分析不同组别的政府信任评价差异，具体见表4-2。

表4-2　　政府信任评价分组描述统计

群组	政府信任				
	性别	婚姻	家庭大小	户主	就业
群组=0	1.687	1.723	1.723	1.692	1.683
群组=1	1.657	1.664	1.664	1.651	1.674

注：在性别组别中，群组=0表示性别为女，群组=1表示性别为男；家庭组别中，群组=0表示单子女家庭，群组=1表示多子女家庭；户主组别中，群组=0表示非户主，群组=1表示户主；就业组别中，群组=0表示非就业，群组=1表示就业。在年龄与社会信任的数据统计性分析中，总体趋势表明，居民年龄越大越倾向于增加社会信任。限于文章长度，具体结果便不再汇报。

① 数据分别来源于《中国统计年鉴》（2002，2008，2013）和《新中国统计资料汇编》。

微观层面分析得到：从性别来看，男性比女性的政府信任度高；从婚姻状况上看，已婚人群比未婚人群的政府信任程度高。从家庭规模上看，多子女家庭相对于单子女家庭的政府信任程度更高。户主相对于非户主的政府信任评价更高。随着就业状况的改善，居民的政府信任不断提高。家庭收入规模与政府信任程度关联存在波动，但从整体趋势和收敛状况判断，家庭收入的提高有利于提高政府信任。宏观层面分析发现：经济相对发达地区的政府信任度偏低，而加快经济发展速度似乎更能提高政府信任①。

三、政府投资干预福利效应的实证结果

（一）政府干预与政府信任评价：基础回归

表4－3陈列结果是对假设4.1a和假设4.1b的回应，其中列2至列5是同时纳入了政府干预和税收负担指标的结果，列6至列9是进一步纳入政府干预结构的回归结果。

表4－3　　基础回归结果

变量	不考虑政府福利投资				考虑政府福利投资			
	政府	政党	大公司	司法	政府	政党	大公司	司法
政府干预	−0.000*** (−3.17)	−0.000* (−1.66)	0.000 (0.44)	−0.000 (−1.26)	−0.000** (−2.76)	−0.000* (−1.64)	0.000* (0.45)	−0.000 (−1.38)
税收负担	0.000*** (3.32)	0.000* (1.91)	−0.000 (−0.72)	0.000 (1.46)	0.000*** (2.74)	0.000* (1.73)	−0.000 (−0.83)	0.001 (1.19)
政府福利投资	—	—	—	—	−0.020 (−1.21)	−0.010 (−0.97)	−0.012 (−1.09)	−0.044*** (−3.45)
城镇人口占比	−1.198*** (−4.91)	−0.761*** (−3.41)	−0.084 (−0.36)	−0.441 (−1.62)	−1.169*** (−4.81)	−0.760*** (−3.42)	−0.093 (−0.40)	−0.479* (−1.76)
就业人口占比	1.717*** (3.40)	2.352*** (5.20)	−0.453 (−0.97)	1.639*** (3.17)	1.564*** (3.00)	2.384*** (5.31)	−0.444 (−0.96)	1.433*** (2.75)

① 相关数据读者可以向作者索取。

续表

变量	不考虑政府福利投资				考虑政府福利投资			
	政府	政党	大公司	司法	政府	政党	大公司	司法
GDP增长率	4.747 *** (3.40)	4.491 *** (6.43)	0.223 (0.31)	3.891 *** (5.09)	4.041 *** (2.65)	4.330 *** (6.11)	0.226 (0.32)	3.810 *** (4.98)
投资率	0.307 (0.64)	-0.179 (-0.44)	-0.214 (-0.51)	0.935 (1.47)	0.039 (0.07)	-0.269 (-0.66)	-0.261 (-0.62)	0.581 (0.90)
性别	-0.008 (-0.20)	-0.003 (-0.07)	0.044 (1.09)	0.107 *** (2.68)	-0.016 (-0.38)	-0.008 (-0.22)	0.040 (0.99)	0.108 *** (2.69)
年龄	-0.007 *** (-3.95)	-0.008 *** (-5.06)	-0.007 *** (-4.31)	-0.002 (-1.55)	-0.007 *** (-3.91)	-0.008 *** (-4.90)	-0.007 *** (-4.30)	-0.002 (-1.55)
婚姻	0.017 (1.09)	0.008 (0.16)	0.053 (0.99)	0.060 (1.14)	0.015 (0.28)	0.009 (0.17)	0.042 (0.79)	0.057 (1.10)
家庭规模	-0.064 *** (-3.20)	-0.067 *** (-3.65)	-0.007 (-0.35)	-0.071 *** (-3.31)	-0.065 *** (-3.27)	-0.069 *** (-3.78)	-0.006 (-0.33)	-0.072 *** (-3.86)
就业	0.017 (1.09)	-0.017 (-1.10)	-0.009 (-0.53)	-0.010 (-0.67)	0.018 (1.20)	-0.017 (-1.07)	-0.001 (-0.59)	-0.009 (-0.65)
户主	-0.043 (-1.03)	0.001 (0.02)	-0.000 (-0.00)	-0.049 (-1.21)	-0.043 (-1.03)	0.001 (0.02)	-0.004 (-0.09)	-0.049 (-1.20)
家庭收入规模	0.001 (0.15)	0.012 (1.42)	-0.028 *** (-3.22)	-0.015 * (-1.71)	-0.004 (-0.44)	0.008 (1.02)	-0.032 *** (-3.75)	-0.016 * (-1.82)
切点1	-1.487	0.140	-2.873	0.436	-2.619	-0.187	-3.243	-1.048
切点2	0.306	1.794	-1.237	1.991	-0.825	1.462	-1.606	0.510
切点3	1.211	2.855	0.324	3.092	0.082	2.538	-0.046	1.612
地区	控制	控制	控制	控制	控制	控制	控制	控制
时间	控制	控制	控制	控制	控制	控制	控制	控制
Wald chi^2 值	352.8 *** (0.00)	452.6 *** (0.00)	454.5 *** (0.00)	257.6 *** (0.00)	361.2 *** (0.00)	471.00 *** (0.00)	483.1 *** (0.00)	269.6 *** (0.00)
观测值	4277	4636	4135	4118	4359	4716	4211	4118

注：***，**，*分别代表在1%，5%和10%的置信度上显著。

表4－3的回归结果支持了假设4.1a，支出干预显著提高了居民对政府信任的概率。列2和列6的结果显示，其他变量恒定，增加政府干预显著提高了辖区居民对地方政府的信任评价概率。结论说明，样本年份内，平均效应上看政府干预有效弥补了市场效率损失，增进了社会福利绩效；当经济和社会福利绩效出现明显改善，居民感知政府有效履行了公共管理职能，提高了对地方政府的信任评价。

进一步分析发现，居民税收负担降低了居民的政府信任评价的概率。政府干预水平不变，提高居民宏观税收负担显著降低了政府信任评价。辖区居民对以税收为主的政府收入负担“痛苦感知”敏感度高，偏向地方政府以既定的税收提供更多的公共服务。地方政府提高税收负担，居民对政府干预的有效性预期值将提高，而如果居民支付了更高额的税收，却没有获取更好的经济、福利成果分享，则会降低对地方政府的信任评价。

最后，在政府干预方式上，政府干预水平和居民税负保持恒定，政府扩大福利性领域投资并不会显著影响居民信任地方政府的概率。也即，居民评价政府时，并不单只考虑整体福利水平的增长，地区经济发展绩效等也是政府信任评价的重要方面。但是，福利性支出的扩大显著提高了居民对特定政府职能部门（如司法）信任的概率。

综上所述，市场机制运行存在效率损失，要求扩大政府干预以弥补市场缺陷，提供合意的公共福利性社会服务，减少经济主体间摩擦，充分发挥政府的“示范效应”。因此，增进政府信任并不能单纯强调缩减政府干预力度。但同时，政府干预是一个“公共支出－宏观税收”内生互动的系统；虽然政府适当的支出干预提高了政府信任评价，但如果支出干预依赖的宏观税负出现了更大幅度的增长，会降低政府信任评价。因此，政府在对宏观经济和社会福利进行调控时，应谨慎控制政府干预力度并考虑政府干预可能带来的社会成本负担。

（二）政府干预福利效应的传导机制检验

政府干预怎样通过影响个体资本和市场经济状况进而影响政府信任评价呢？接下来，本部分将公共支出干预指标分别与个体微观状况以及宏观经济状况进行匹配回归，检验公共支出干预与政府信任评价的传导机制，具体结果见表4－4。

表 4-4　　传导机制验证：个体资本与宏观经济状况

变量	家庭收入规模	经济发展速度	城镇化率	就业人员占比
政府干预	0.000*** (5.82)	-0.000*** (-12.49)	0.000*** (8.42)	-0.000*** (-65.79)
税收负担	-0.000*** (-3.83)	-0.000*** (-4.06)	0.000*** (13.75)	0.000*** (52.94)
政府福利投资	0.022*** (4.42)	0.003*** (28.51)	-0.001*** (-3.41)	-0.001 (-3.61)
常数	3.775*** (90.45)	0.155*** (169.25)	0.416*** (33.69)	0.589*** (59.04)
地区	控制	控制	控制	控制
时间	控制	控制	控制	控制
F 值	23.31*** (0.00)	575.00*** (0.00)	1018.78*** (0.00)	2196.55*** (0.00)
观测值	5737	6214	6214	6214

注：***，**，*分别代表在1%，5%和10%的置信度上显著。

统计分析发现，提高城镇化率、增加居民家庭收入、提高经济发展速度，可能是政府干预促进政府信任评价的重要途径。表 4-4 的计量结论显示，宏观上，居民对政府信任评价的积极效应可能来自城镇化进程，微观上可能来自家庭增收。那么，间接机制上，政府干预又会如何影响个人资本和宏观经济状况呢？

表 4-4 的回归结论显示：微观层面上，增加政府干预并且加大政府福利性投资有利于提高家庭收入规模。家庭收入水平较高的居民更有经济能力应对外在冲击，开展广泛的社会活动积累资本（张顺和程诚，2012），也有更好的自我控制感。政府干预通过各种形式的公共服务，有利于居民积累人力资本、进而提高居民收入获取能力，促进了其对政府信任感的提升。宏观层面上，政府干预主要通过提高地区城镇化速度改善政府信任程度。近些年来，政府加强农村建设、促进城乡一体化进程明显加快，而基于城镇化率提高导致的政府信任评价上升，说明城乡分割制度可能是导致政府信任偏低的主要原因。另外，政府在生产性领域的投资能更好地促进地区城镇化率。政府干预的经济增长效应主

要来自福利性投资占比的扩大。公共支出干预力度增强不利于提高城镇登记就业率，但由于城镇登记就业率与真实就业率在统计口径上存在较大的出入，因此，对于就业指标的解释需要更加谨慎的数据支撑。

综上所述，在政府干预方式上，政府的宏观干预机制和微观干预机制存在不同。提高政府信任评价，要求政府扩大干预规模，增加在福利性公共项目上的投资规模以促进经济发展速度和家庭收入增长，但同时又需要政府扩大生产性投资支出以带动城镇化建设。这可能是导致基础回归中政府干预方式总效应不显著的原因。

（三）稳健性检验

在稳健性检验中，我们将进一步探讨政府干预福利效应在不同环境条件下的差异性。主要考虑四种情况：制度质量；网络信息媒介；维稳因素干扰；时序系统冲击的异质效应。

（1）政府干预与政府信任评价：制度质量的影响。回归在基准模型的基础上，加入了政府干预和制度环境的交互变量，分别使用两种方式测度制度环境：第一种是使用市场化指数中的“市场中介组织的发育和法律制度环境”项目评分（组别1）；第二种是使用预算内收入占预算内外收入之和比重，衡量中国式分权导致的“预算制度质量”（组别2）[①]，具体结果见表4-5。

表4-5　　政府干预、制度质量与政府信任评价

变量	组别1				组别2			
	政府	政党	司法	大型企业	政府	政党	司法	大型企业
政府干预	-0.002*** (-4.57)	-0.002*** (-4.79)	0.126 (0.31)	0.000 (0.11)	-0.0004** (-2.15)	-0.0001 (-0.72)	-0.0001 (-0.53)	0.000 (0.14)
预算收入	0.002*** (4.52)	0.002*** (4.76)	-0.120 (-0.31)	0.000 (0.39)	0.0002** (2.56)	0.000 (0.41)	-0.0002 (-1.23)	-0.000 (-0.77)
政府干预×制度质量	-0.000* (-1.67)	-0.000** (-2.02)	-0.010 (-0.32)	-0.000 (-1.60)	0.0003 (1.15)	0.0001 (0.53)	0.001 (1.28)	0.000 (0.25)
其他变量	控制	控制	控制	控制	控制	控制	控制	控制
地区	控制	控制	控制	控制	控制	控制	控制	控制

① 分税制改革后，导致地方政府财权和事权极度不匹配，激励各地方政府多利用预算外和制度外收入筹集本地财源，我们将其称之为“预算制度质量”。该指数越小预算制度越不规范。

续表

变量	组别 1				组别 2			
	政府	政党	司法	大型企业	政府	政党	司法	大型企业
时间	控制	控制	控制	控制	控制	控制	控制	控制
Wald chi² 值	260.32*** (0.00)	264.16*** (0.00)	145.66*** (0.00)	99.59*** (0.00)	361.02*** (0.00)	449.13*** (0.00)	251.35*** (0.00)	286.34*** (0.00)
观测值	2276	2100	1422	1799	4359	4095	3435	3620

注：***，**，*分别代表在1%，5%和10%的置信度上显著。

回归结论验证了假设4.2①。在加入政府干预与制度质量的交乘项后，扩大政府干预仍显著提高了居民信任政府的概率，增加宏观税收负担降低了居民信任政府的概率。制度质量与支出干预的交互项对政府信任评价呈现较为明显的负向效应。其中，以法律制度评分衡量“制度质量”的模型中，较差的制度质量显著削弱了政府干预产生的信任评价效应，支持了理论假设4.2的结论。在“预算制度质量”模型中，制度质量对降低政府信任评价的效应并不显著。但进一步分析发现，经济分权导致的“预算制度质量”在降低居民互信上非常明显；控制交乘项后，制度质量在5%的置信度上显著降低了社会信任②。基于社会信任下降可能导致的政府信任评价风险，不难得出结论，预算管理不规范给市场主体带来的干扰是显而易见的。

不难发现，立法和行政机关的制度管理不善是导致政府信任问题的重要症结之一。政府介入市场运行时，较差的制度质量不仅会直接降低居民的政府信任评价，还会导致削弱政府干预的减损效应以及增加额外的干预成本负担，最终削弱政府干预的积极信任效应。在合理进行政府干预的同时，加强制度环境建设对增加政府信任评价是必要的。

（2）政府干预与政府信任评价：网络媒介发达程度。信任是人们追求长期利益过程中重复博弈的结果，信息结构则是影响当事人重复博弈下理性选择的重要因素（张维迎和柯荣住，2002）。清廉的政府治理、充分的媒体报道、高效的合约履行能力和积极主动的社会中介组织参与等，能够有效防止并惩罚违反

① 每一个回归模型中，继续加入政府干预结构，以及政府干预结构与制度质量的交乘项，并不影响结论的稳健性。但是政府干预结构以及政府干预结构与制度质量交乘项的系数并不显著。

② 社会信任，是指居民认为绝大多数人是否可信，评分越高说明居民越不信任他人。回归系数为-0.001，T值为-2.33。

诚信的个体行为，显著提高了社会信任水平（Zak and Knack，2001）。媒介和网络是公共政策和社会信息传递的重要渠道，信息传递渠道和社会双向信息交流量对促进政府信任评价有正向作用（Fishman and Khanna，1999）；而当信息传递渠道相对闭塞时，则可能降低居民感知度，政府干预的社会信任效应则会被削弱。我们使用每万人互联网接入用户将样本划分为网络媒介发达（组别 1）和网络媒介欠发达地区（组别 2）进行分组回归，结果见表 4－6。

表 4－6　　　　网络媒介发达程度

变量	组别 1				组别 2			
	政府	政党	司法机关	大型企业	政府	政党	司法机关	大型企业
政府干预	－0.001*** （－4.68）	－0.000*** （－4.56）	－0.000*** （－3.45）	－0.000 （－1.45）	－0.001*** （－3.01）	－0.001** （－2.88）	－0.000 （－0.94）	0.001*** （2.58）
税收负担	0.001*** （4.82）	0.001*** （4.30）	0.001*** （3.14）	0.000 （0.93）	0.001** （2.17）	0.001** （2.13）	0.001 （1.11）	－0.001** （－2.15）
政府福利投资	0.038 （1.63）	0.009 （0.71）	－0.012 （－0.70）	0.009 （0.67）	－0.138*** （－2.62）	－0.063** （－2.07）	－0.049 （－1.10）	0.024 （0.78）
其他变量	控制	控制	控制	控制	控制	控制	控制	控制
地区	控制	控制	控制	控制	控制	控制	控制	控制
时间	控制	控制	控制	控制	控制	控制	控制	控制
Wald chi^2 值	179.76*** （0.00）	256.49*** （0.00）	180.50*** （0.00）	282.64*** （0.00）	207.79*** （0.00）	273.45*** （0.00）	118.52*** （0.00）	268.40*** （0.00）
观测值	2117	2351	2054	2140	2242	2365	2064	2071

注：***，**，* 分别代表在 1%，5% 和 10% 的置信度上显著。

回归结果显示，在网络媒介发达地区，政府干预显著提高了居民对地方政府、政党和司法机关产生信任的概率。在网络媒介落后地区，政府干预提高了对地方政府和政党的信任评价概率，但对司法机关的信任评价的概率影响不显著。进一步分析发现，网络媒介发达地区政府干预的信任增长效应显著度要更高于网络媒介欠发达地区。一般来说，网络媒介有利于建立公开、清廉的制度质量，回归结果某种程度上也支持了假设 4.2。

一个有意思的现象是，在网络媒介欠发达地区，政府干预降低了居民对国有企业等大型企业的信任评价程度。现实中，国有企业是寻租活动频繁发生的领域，在信息沟通不畅、公开信息制度建立不完善的背景下，政府干预越多、居民的政府信任损失越大。结论验证了建立公开、良好的信息环境和制度质量的重要性。

（3）政府干预与政府信任评价：维稳因素。相对而言，西部地区对上级政府的转移支付依赖程度高；那么，政府干预提高政府信任评价是否有来自于“维稳”因素的干扰，政府信任评价的提高是否主要基于保障边境省份（特别是“陆壤”边境省份）的民族稳定、而非对市场效率损失的“替代效应”？我们按照边境省份分类进行回归检验，分别检验“陆壤”边境省份、“海、陆壤”边境省份和非接壤省份政府干预对政府信任评价的影响。其中，组别 1 为“陆壤”边境省份回归结果，组别 2 为“海、陆壤”边境省份回归结果，组别 3 为非接壤边境省份回归结果，具体结果见表 4－7。

表 4－7　　政府干预和政府信任评价：维稳因素干扰

变量	组别 1	组别 2	组别 3
政府干预	0.000 (0.51)	－0.0003** (－2.52)	－0.002*** (－3.91)
税收负担	－0.000 (－0.50)	0.0003** (2.35)	0.002*** (3.97)
政府福利投资	－0.208* (－1.79)	－0.025 (－0.97)	－0.111** (－2.66)
其他	控制	控制	控制
地区	控制	控制	控制
时间	控制	控制	控制
Wald chi^2 值	130.94*** (0.00)	198.79*** (0.00)	196.99*** (0.00)
观测值	835	2509	1850

注：***，**，*分别代表在 1%，5% 和 10% 的置信度上显著。

结论显示，“维稳”并不是政府加大干预力度而提高政府信任评价的主要渠道。“陆壤”边境省份样本归类回归发现，政府干预和税收负担对政府信任评价影响都不显著。加入“海境接壤”省份样本后，政府干预的政府信任评价效应的显著度提高，但绝大部分“海壤”边境省份不存在支出干预的“维稳”因素干扰。非接壤边境省份中，政府干预的信任评价效应十分显著，结论稳健地支持了“政府对市场失灵的有效干预”是提高政府信任评价的主要传导机制。进一步分析发现，“陆壤”省份增加福利性支出干预有利于提高地方政府的信任评价，说明政府干预结构对政府信任评价的影响可能存在一定的“维稳”考虑，但这并不影响结论的稳健性。

（4）政府干预与政府信任评价：时序效应。市场机制尚未完全成熟之前，市场发展伴随着日益复杂的“市场失灵”形式，需求政府扩大支出干预的深度和广度，提供经济发展的物质设施基础。政府有效提供教育、健康、卫生、公共安全等福利性支出，加大基础设施投资、提高私人产品边际生产效率、有利于促进地区经济增长。如果市场经济机制逐步成熟和完善，政府再过量依靠公共支出干预工具大规模介入市场却可能产生逆向作用，这时就需要政府逐步让位于市场，依靠健全的产权制度和良好的制度质量为市场健康运行创造发展环境。

本部分主要检验不同时序阶段政府干预效应的异质性，考察不同时期内政府干预对政府信任评价的影响机制。1990 年是中国改革开放的初期阶段；2000 年之后，中国经济平稳过渡金融危机，转入全面深化市场经济体制改革阶段；2008 年后应对全球金融危机和宏观经济增速放缓，中央政府又多次调整宏观财政政策，实施了大规模公共支出干预政策。为了识别不同的系统性冲击情势，我们将分三个阶段进行分组回归，三个阶段分别为 1990 年、2001 年至 2007 年以及 2012 年，具体结果见表 4－8[①]。

分析发现，回归结论吻合政府干预预期效应的倒 U 形关系。在第一段时序（1990 年），政府干预对提高政府信任评价有微弱的促进作用，但系数并不显著。进入第二段时序（2001—2007 年），政府干预规模开始显著影响居民的政府信任评价，在市场经济制度逐步建立和完善的过程中，政府干预为市场经济发展提供了必要的物质基础和制度支持，有利于经济增长和福利绩效的改善。因此，在市场经济发展阶段，必要的政府经济干预和政府“示范”对形成良好的政府信任评价预期有重要作用。进入第三段时序（2012 年），市场经济机制已经日臻完善，过多的政府干预在一定程度又反向损害市场运行效率、带来额外的社会成本负担，不利于政府信任评价的提升。

---

① 我们也同时分四个年度进行了分组回归，结论依旧保持高度一致。

表 4－8　组别分析—时序差异性

变量	1990 年			2001—2007 年				2012 年			
	政党	司法机关	大型企业	政府	政党	司法机关	大型企业	政府	政党	司法机关	大型企业
政府干预	-0.002 (-1.39)	-0.002 (-1.47)	0.001 (0.28)	-0.002*** (-4.49)	-0.002*** (-4.62)	0.127 (0.31)	-0.000 (-0.75)	0.000 (0.02)	-0.000 (-0.45)	-0.000*** (-2.75)	-0.0001 (-1.33)
税收负担	-0.001 (-1.53)	-0.002** (-2.36)	-0.001 (-1.22)	0.002*** (4.43)	0.002*** (4.38)	-0.173 (-0.31)	0.000 (0.55)	0.000 (1.31)	0.001** (2.37)	0.000* (1.93)	-0.0001 (-0.60)
政府干预结构	-0.099* (-1.79)	-0.126** (-2.43)	-0.075 (-1.34)	0.030 (0.94)	0.026 (0.79)	-0.905 (-0.08)	0.110*** (3.25)	0.212*** (2.68)	0.277*** (3.67)	0.002 (0.03)	-0.255*** (-3.36)
切点 1	-2.858	-3.620	-3.366	6.183	7.128	952.54	-3.057	9.759	13.967	-1.327	-12.694
切点 2	-1.501	-2.356	-1.993	8.109	8.968	954.21	-1.408	11.480	15.599	0.300	-10.959
切点 3	-0.466	-0.987	-0.402	8.998	9.950	955.18	0.160	12.419	16.814	1.456	-9.328
其他变量	控制	控制	控制	控制	控制	控制	控制	控制	控制	控制	控制
地区	控制	控制	控制	控制	控制	控制	控制	控制	控制	控制	控制
时间	控制	控制	控制	控制	控制	控制	控制	控制	控制	控制	控制
Wald chi^2 值	58.26*** (0.00)	57.85** (0.00)	23.89** (0.09)	258.39** (0.04)	260.71*** (0.00)	145.67*** (0.00)	107.62*** (0.00)	221.19*** (0.00)	290.63*** (0.00)	140.79*** (0.00)	231.47*** (0.00)
观测值	621	683	591	2276	2100	1422	1798	2083	1995	2013	1822

注：***，**，*分别代表在 1%，5% 和 10% 的置信度上显著。

同时应该看到，随着市场经济的发展，政府干预规模的信任评价效应已日趋减弱，但是政府干预结构的积极信任评价效应日益凸显。加大福利性投资在政府干预规模中的比重，能够显著提高居民的政府信任评价。在未来的政府职能转变中，政府应合理划分市场和政府边界，谨慎使用过于积极的宏观财政政策，适度控制政府干预市场的介入规模。政府应该逐步将重点转移到为社会提供诸如教育、医疗、科技支撑等公共福利性项目上，以增进社会平等性，并促进居民对政府的信任评价①。

（四）实证小结

在这一章节，我们利用世界价值观调查数据库四次大规模调查数据，从增进政府信任评价的维度，检验并分析了政府干预对居民政府信任评价的影响和作用机制。

研究发现，市场经济建立和发展阶段，政府干预有效弥补了市场配置效率损失，通过微观上促进家庭增收、宏观上加速城乡一体化进程，有效增进了政府信任评价。但是，政府支出干预规模扩大带来的税收负担是导致政府信任感下降的主要原因。值得关注的是，随着市场经济体制日趋完善，政府过度依赖大规模政府干预对政府信任评价的积极效应正在逐步减弱，调节政府干预模式、加大福利性投资可能是下一阶段提高政府信任评价更有效的手段。构建政府信任体系，需要政府谨慎评估市场和政府的合理边界，根据社会经济状况的发展规律做出动态调整。稳健性检验发现，良好的制度质量和公开的信息交流有利于降低寻租发生率，提高了重复博弈中居民对地方政府的信任感。政府干预的信任效应并不受到维稳等因素的估计干扰。

我们认为，首先，政府应合理并谨慎控制政府干预规模，政府支出干预重点应该集中于加大福利性领域投资、推进城乡基本公共服务均等化并优化收入分配机制、促进居民收入增长。其次，在公共服务资金筹集方式上，由于居民存在“税负痛苦”感知，地方政府应控制居民税收负担、保持预算制度质量的稳定，以避免因税收负担导致的政府信任损失。最后，加快培育网络、媒体等第三方社会监督力量，规范政府预算收支管理，以合理、透明、公开的制度安排约束不正当的寻租行为，增进政府干预的社会福利。

---

① 2012 年的样本回归中，增加福利性公共支出降低了居民对大型企业的信任评价。对于市场配置制度应发挥重要功能的领域，政府福利性公共项目不应过多地介入。

第五章　财政分权体制与地方投资模式

一、分权体制下财政压力影响地方投资模式的基础理论

（一）研究背景

财政分权是推动经济增长的重要制度因素，许多文献围绕财政分权与经济增长的关系展开了研究：Davoodi 和 Zou（1998）利用跨国数据检验了财政分权对经济增长的影响，并将财政分权对经济增长的负向影响归结为支出结构性偏差以及支出缺乏回应性。此后，许多国内、外研究都通过寻找更加精准的传导机制，解释财政分权对经济增长的影响和作用机制（沈坤荣和付文林，2005；张晏和龚六堂，2005；王文剑和覃成林，2008；方红生和张军，2014）。这些学者的研究认为，财政分权对地方经济增长存在积极的影响；研究指出，在中国财政分权的制度下，地方政府有激励运用补贴、减税等公共政策手段帮助企业提高生产效率，形成微观上可持续的经济增长基础。另外，政治晋升激励的相关文献也提供了分权制度下地方经济增长的内在机制：地方官员具备“向上”晋升的政治动力，而同级地方政府间存在显著的横向经济竞争，分权赋予了地方官员较为自主的经济事务决策权和行政决策权，因此，他们有动力在其可掌握的资源范围内，将增加的财政收入更多地转向提供资本性的、有利于获取 GDP 竞争优势的经济性公共物品的供给，从而在短期内创造可观的经济增长绩效（傅勇，2010；尹恒和朱虹，2011）。

1994 年分税制以后，中国式财政分权鲜明的特征是：财政支出分权伴随着税收收入的上收。1994 年开启的分税制改革将工商税划分为增值税、消费税和营业税，规定增值税的 75% 和消费税 100% 归中央政府。之后，中央政府的财政收入开始稳步上升：1994 年之前的中央财政收入不到地方政府财政收入的 50%，而 1994 年后，中央财政收入快速超过地方财政收入。2002 年启动的所得税分享

改革被视为又一重要的税收收入上收过程。改革之前，所得税根据企业隶属关系来划分税收归属；所得税分享改革后便不再区分企业隶属关系，地方政府留存所得税收入的60%（2003年起下降为50%），其余的税收收入归属中央。[①] 此次税权改革又一次提高了中央收入分配占比。统计分析表明，1994年中央本级收入对地方本级收入占比从改革前不到50%迅速上升到1.26，2001年略下降至1.09，而2002年后快速提高至1.22；2004年后该比例略有下降，此后该比例一直维持在1.10左右。与此同时，地方政府的支出责任稳步上升。在2000年之前，中央财政支出与地方财政支出比值在0.4—0.5之间；从2000年后，中央财政支出与地方财政支出比逐步下滑，至2010年中央财政支出占地方财政支出只有21%左右。总体来说，1994年的分税制改革和2002年的所得税分享改革中，中央政府对税收收入的纵向分配关系进行了调整，分别将75%的增值税收入和60%的所得税收入划归中央，实现了中央财政收入在全国财政收入中的主导地位。

然而，地方支出责任与收入不匹配形成了较大的财力缺口，在这种财政压力下，地方政府对宏观经济干预的行为决策相机改变，既有文献对这一问题的研究进行了有益的尝试。当地方政府面临实际的财政压力约束时，其行为决策回应可能包括：一方面，在培育预算内财源方面，偏向支持地方税源（如营业税）重点企业，扶持金融、房产、建筑等地方高税行业进而带动经济增长（Han and Kung，2015）。也即，政府这一行为决策将显著改变地方政府的投资结构。新财政集权理论为财政压力的这一激励效应提供了一种可能的解释：在财政压力的激励下，面对收紧的财政预算内约束，地方政府会更加支持营业税等地方独享税源相关的产业；因此，地方政府可能通过税收优惠、收费减免、财政补贴等方式“援助”地方高税行业发展（Xu，2011；龙小宁等，2014）。我们通过数据统计也发现，2003年所得税分享改革之后，包括房地产业、建筑业和交通运输业等营业税源的相关产业增加值都出现了比较明显的快速增长。另一方面，在培育预算外财源方面，地方政府通过绕过预算内约束规制，出让以土地为主的公共资源产品来获取其他财政性收入弥补财力缺口（梁若冰，2009）。这一行为导致地价成本抬升以及房价上涨，构成了地方GDP增长的重要组成部分。当地方政府面对缩紧的预算内规制约束时，会转向买卖辖区内公共资源（最为典

① 改革实施的是增量收入的分配改革形式，因此2001年地方政府大多提高了所得税收入基数。

型的是土地资产）去获取足够多的财政收入，通过更多以及高价出让土地的方式，为积累工业化资本及辖区间“蒂伯特竞争”提供资金援助，用以支撑本地基础设施建设并吸引制造业相关生产要素流入（方红生和张军，2014；陈思霞和陈志勇，2015）。我们统计发现，2002—2003年期间，全国土地出让收入迅速上升，2003年全国土地收入增长率高达123%，此后逐年保持稳定。因此，财政压力激励地方政府更多地出售掌握的公共资源扩充财政性资金，从而保障制造业和服务业等关联性产业发展能得到支持。上述内生增长动因的改变同样会导致地方政府发生偏向房地产投资行业的政策偏向。

对于财政压力下地方经济增长的效应评估，也有研究提出了不同的观点：有文献认为，当中央政府提高税收分成的占比时，地方政府间竞争的净收益下降，因此，财政压力会在某种程度上抑制地方政府间过度的横向竞争，而不是新财政集权理论提出的“压力加剧竞争、竞争带来援助”；如果该假设成立，则与上述“财政压力下地方政府的行为决策”的研究结论存在显著不同（Oates，1993；范子英和张军，2010；谢贞发和范子英，2015）。也有文献提出，财政压力下地方政府“引导”性改变经济增长模式是否具有可持续性。他们认为，如果压力型财政激励造成地方政府过度依赖房产及其关联行业，较为单一的增长模式可能并非是可持续的经济增长方式（Du，Lu and Tao，2015）。

然而，财政压力的激励效应依赖于两个前提：第一，地方税收收入上收之后，地方政府财政压力是否真实扩大。所得税分享改革带给地方政府财力结构的变化是，地方政府逐步从财力自给转向依靠上级政府的财政转移支付。[①] 考虑财政转移支付后，地方财政压力的激励效应是否还成立是需要验证的。第二，同级政府间横向经济竞争究竟会因财政压力的变化增强还是减弱。新财政集权认为，在给定资本要素流动、制造业与服务业的产业关联、地方政府对土地市场垄断的三个重要条件下，财政压力带来的是地方政府对经济发展的援助之手（陶然等，2009；Zhang，2012）。传统财政集权理论研究则表明，如果其他政府收入保持不变，地方税收分成比例的下降会导致地方政府支出竞争（或税收竞争）的净收益下降（吕冰洋，2009），[②] 地方政府低均衡水平的无效率竞争某种程度会得到局部纠正；通过中央政府对区位黏度低的税基做出统一征管，有利

① 国发〔2001〕37号关于“所得税收入分享改革方案的通知”中指出“中央财政因所得税分享改革增加的收入，按照公平、公正的原则，采用规范的方法进行分配，对地方主要是中西部地区实行财政转移支付”。

② 地方政府以更少的收入分成去支撑支出竞争或者经济竞争成本，所面临的财政风险就会更高。

于克服低水平的无效竞争提高资源配置效率。

（二）理论分析框架

本部分我们主要通过构建理论模型，讨论财政压力与地方经济增长和地方投资结构之间可能存在的关系。

（1）家庭行为决策。本章基于 Barro（1990），Barro 和 Sala-I-Martin（1992）的政府与增长模型，扩展 Adam 和 Bevan（2005）的财政赤字与增长模型。假设政府对产出征收线性税收，且更高层级政府会给予本级政府一定比例的财政转移支付。政府提供的公共产品对产出具有溢出效应。政府在每一个预算周期内不遵循预算平衡（即，政府可以出现财政赤字）。地方政府弥补财政赤字的主要来源是：一为债务发行收入；二是以土地出让收入为主的非税收入。

在一个分散化决策的经济环境中，家庭存续两期且无弹性地供给一单位劳动。假定人口规模不变，即 $L_t = \overline{L} = 1$。家庭的效用来自于两期的消费决策，效用函数为对数形式 $U = b\ln c_t + (1 - b)\ln c_{t+1}$，$c_t$ 和 c_{t+1} 分别表示第一期和第二期的消费量，b 表示偏好参数。①

（2）厂商行为决策。假设存在一个代表性企业，企业投入资本和劳动进行生产。政府公共产品对企业生产产生溢出效应，参考 Adam 和 Bevan（2005），生产函数形式设为：

$$Y_t = (A_t K_t)^{\alpha} G_t^{1-\alpha} \tag{5-1}$$

其中，Y_t 表示代表性厂商的产出②；K_t 表示厂商投入的资本要素；A_t 为生产技术。

代表性厂商支付资本利息，资本利息率为 r_t，还需要支付劳动价格 w_t。③ 进一步假设政府向厂商征收一个税率为 τ_t 的产出税，那么，根据企业利润最大化目标，得到一阶条件为：

$$r_t = (1 - \tau_t)\alpha A_t^{\alpha} K_t^{\alpha-1} G_t^{1-\alpha} \tag{5-2}$$

根据欧拉定理可知：

$$w_t = (1 - \tau_t)(1 - \alpha) Y_t \tag{5-3}$$

---

① 对数形式的效用函数只是一种简化形式。这种形式的好处在于，如果税收工资为 w，那么，第一期消费为 bw，第二期消费为（1 - b）w，这将简化本章后面的分析过程。

② 在产出表达式中，我们假设地方经济总量是地方税基，简化共享税的影响。

③ 需要注意的是，上述生产函数中隐含着劳动投入，只是将劳动供给标准化为 1，且在经济均衡中，劳动需求与劳动供给相等，因此，生产函数中省略了劳动投入要素。

假设投资与资本存量之间的关系为：

$$\frac{K_t}{I_t} = \phi_t \tag{5-4}$$

（3）政府行为决策。根据 Barro（1990），Barro 和 Sala-I-Martin（1992），Acemoglu（2009），假设政府支出与经济产出的关系为 $\omega = G_t/Y_t$。该层级政府会收到来自上级政府的转移支付，根据奥卡姆剃刀原则，假设财政转移支付与经济产出也呈线性关系，即 $T_t = \varphi_t Y_t$，$\varphi_t < 0$，即经济发达地区是转移支付净流出地。①

地方政府允许出现财政赤字，财政赤字代表地区承担的财政压力。假定财政赤字主要依靠发行债券和非税收入弥补：政府发行短期债券，即在第 t 期初政府有到期债券 D_t，且新发债券 D_{t+1} 在第 t + 1 期初到期。在第 t 期，政府要支付债务余额的利息，利率为 r_{dt}。② 根据 Adam 和 Bevan（2005），期末政府债券与经济产出仍呈线性关系，即 $\frac{D_{t+1}}{Y_t} = d_{t+1}$。政府还会利用预算外收入 AR_t 来弥补财政赤字，假设政府预算外收入与经济产出比率为 θ_t。

地方政府赤字为：

$$\pi_t Y_t = AR_t + (D_{t+1} - D_t) \tag{5-5}$$

其中，π_t 为第 t 期赤字 - 产出比率。

则政府预算约束为：

$$D_t \cdot (1 + r_{dt}) = (\tau Y_t + T_t + AR_t + D_{t+1} - G_t) \tag{5-6}$$

式（5 - 6）左边表示地方政府在第 t 期的债务还本付息额，这里看作地方政府财政压力；等式右边为地方政府当期的收入扣除一般公共支出。其中 Y_t 表示地方税源相关产业总产出，T_t 表示财政转移支付，AR_t 表示预算外收入，D_{t+1} 表示新发行的政府债务，G_t 表示财政支出。

从政府预算约束式（5 - 6）中可以看出，当 T_t、AR_t、D_{t+1} 以及 G_t 保持不变时，由于税率由上级政府确定，财政压力的增长会激励地方政府扩大地方税源产出 Y_t 来缓解财政压力。由此得到命题 1：

---

① 根据尹恒和朱虹（2011），贾晓俊和岳希明（2012）的研究，财政转移支付都存在一定的“亲富”或“亲贫”特征。根据财力性转移支付的特点，在此我们将其设置为负向关系。

② 从政府债务对经济的发展影响机制来看，政府发债行为既会通过债券销售获得财政收入，而从收入端影响政府行为进而影响地方经济发展；又会通过债务还本付息，而从支出端影响政府行为进而影响地方经济发展。

命题1：当其他条件不变时，基于扩大税基的目标，财政压力下地方政府选择会增加税源产业发展的政策激励。

如果当T_t、τY_t、D_{t+1}以及财政支出G_t保持不变时，财政压力增长会激励地方政府增加预算外收入AR_t来缓解财政压力。由此得到命题2：

命题2：当其他条件不变时，财政压力下地方政府选择扩大预算外收入。

将式（5-6）变换成相对于产出的比率约束：

$$\frac{(1+r_{dt})}{(1+g_t)}d_t = \tau + \phi_t + \theta_t + d_{t+1} - \omega_t \tag{5-7}$$

其中，g_t表示产出增长率。不难发现，财政压力与财政转移支付比例、非税收入比例、新发债券比例以及公共支出相对规模有关。

（4）均衡值求解。由家庭的效用函数可知，家庭在第t期的储蓄为：

$$S_t = (1-b)w_t \tag{5-8}$$

家庭的储蓄主要用于两种用途：一种是投资，另一种是购买政府债券。则：

$$S_t = (1-b)w_t = I_{t+1} + D_{t+1} \tag{5-9}$$

由此，结合式（5-4）和式（5-9）得到资本存量为：

$$K_{t+1} = \phi_t[(1-b)w_t - D_{t+1}] \tag{5-10}$$

将式（5-10）代入式（5-1）中，得到产出增长率为：

$$g_{t+1} = \frac{Y_{t+1}}{Y_t} - 1 = \frac{\{A_t\phi_t[(1-b)w_t - D_{t+1}]\}^{\alpha}G_t^{1-\alpha}}{Y_t} - 1 \tag{5-11}$$

将式（5-3）和式（5-7）代入式（5-11）中，得到下式：

$$g_{t+1} = \left\{A_t\phi_t\left[(1-b)(1-\alpha)(1-\tau_t) - (\omega_t - \tau_t - \theta_t - \varphi_t) + \frac{(1-r_{d_t})}{(1+g_t)}d_t\right]\right\}^{\alpha} \omega_t^{1-\alpha} - 1 \tag{5-12}$$

式（5-12）表示地方经济增长率由生产率A_t、折旧率ϕ_t、财政收支系数（ω_t、θ_t、φ_t）以及财政压力（政府债务）系数d_t决定。由公式（5-12）不难发现，当地方政府财政压力越大时（即，政府承担债务系数d_t越高），地区经济增长率越快，由此得出命题3：

命题3：在平衡增长路径上，其他条件保持不变，地方政府财政压力越大，地区经济增长率也越高。

（三）财政分权影响地方投资模式的评估思路

有关财政分权影响地方投资结构的评估，我们的工作思路是：第一，研究中国式分权下形成的财政压力对地方经济增长有无影响以及影响方向。评估这一关系，有利于更好地结合中国财政分权制度的实际特征，探析中国经济增长的现实基础，对既有文献形成有益的补充。第二，我们重点评估了财政压力对地方投资结构的影响。第三，我们验证了压力式财政激励效应的作用机制，包括地方差异化的产业激励策略和政府间横向竞争变化。

我们在技术方法和数据上同样也做出了推进：一是，本书借助 2002 年所得税分享改革作为地方政府财政压力变化的外生冲击事件，通过构建“类政策实验”的强度 DID 模型，近似度量了所得税纵向税权分配变化造成的地方财政压力的改变，将既有文献关注不够的内生性处理工作往前推进。二是，本书采用了 1997—2012 年的城市卫星灯光数据作为衡量 GDP 的指标，从而更好地解决各地方在统计 GDP 数据过程中瞒报、注水等测量偏误。

二、财政压力影响地方投资结构的评估方法

本章主要检验财政压力对地方经济增长的激励效应及其传导机制。在技术方法上，本章借助所得税分享改革以描述地方政府财政压力受到的外生冲击，构建“类政策实验”的强度 DID 模型进行实证研究。这不仅有利于克服使用宏观数据构建财政压力指标带来的内生性问题，也有利于更精确地反映中国分税制度改革的实际增长效应。

（一）城市经济绩效和投资多样性的衡量

我们第一个衡量指标经济增长的指标十分丰富，包括经济增长率，人均 GDP，人均 GDP 增长率。然而，这些指标多是主观统计的结果，可能面临测量偏误和人为主观调整等弊端。因此，本章除了使用人均 GDP 指标外，还采用了卫星采集的城市夜间灯光亮度数据来衡量地区经济发展水平。近些年来地区灯光亮度作为度量地区经济发展的有效指标已经被广泛采用（Henderson，Storeygard and Weil，2012；Hodler and Raschky，2014；徐康宁等，2015；范子英等，2016）。本章基于美国国防气象卫星搭载的业务型线扫描传感器（DMSP/OLS）获取的夜间灯光影像，提取 2000—2012 年中国城市灯光总强度数据，并基于此来度量城市发展状况。长时间序列的 DMSP/OLS 夜间灯光影像数据集在校正过程中需要解决两个难题：第一，原始影像数据集中的影像是非连续性的；第二，影像中表征灯光强度的像元亮度值存在饱和现象。针对这些问题，我们基于一种不变目标区域法的影像校正方法，对提取出来的每一期区域夜间灯光影像进

行校正，该方法被广泛用于长时间序列夜间灯光影像数据集的校正处理（Wu，He，Peng，Li and Zhong，2013；曹子阳等，2015）。我们将使用影像校正方法后的夜间灯光数据进行实证。

我们的被解释变量为投资多样性，我们借鉴赫芬达尔指数进行投资多样性的指标构建。按照管理渠道，全社会固定资产投资总额分为基本建设、更新改造、房地产开发投资和其他固定资产投资四个部分。我们使用房地产开发投资总额占社会固定资产投资总额的平方项来衡量投资多样性。该值越大说明房地产开发投资占比越大，投资多样性越低；反之，该值越小说明投资多样性越高。①

（二）所得税实际损失率

财政压力使用所得税对实际损失率进行测度。所得税分享改革 2002 年开始在全国层面统一推行，实施的是增量分成改革模式，中央政府在维持地方政府既有所得税基数不变的基础上，对于增量收入部分中央政府和地方政府 2002 年实施五五收入分成，2003 年推进到收入六四分成。其中“基数”的确定是用 2001 年地方实际得到的企业所得税总额减去假定 2001 年就实行了五五分成地方分得的所得税份额得出一个固定数，2002 年后中央每年再以这个固定数向地方进行返还。然而，自 2001 年 9 月地方获知所得税征管将要改革的消息后，各省的地方企业所得税增长率直线上升，因此在实际执行过程中，“基数”的确定方式是承认地方 2001 年 1—9 月的正常增长率，以 2000 年度的所得税总额乘以正常增长率得到了 2001 年的返还基数。

所得税实际损失率的构建方式是：首先，假设地方政府留存的税收收入总和为（所得税收入 + 其他税收收入），因此分税后地方政府留存的所得税收入为（总税收收入 - 其他税收收入），将（总税收收入 - 其他税收收入）除以 40%，得到分税前产生于各地方的所得税总收入。其次，由于在所得税分享改革前，所得税收入归地方独享，而分税后中央政府享受所得税收入的 60%，因此相对分税改革之前，分税改革带来的地方所得税收入损失为（地方税收收入 - 其他税收收入）×(6/4)。最后，由于所得税分享改革为增量分成，即中央政府需要保证地方政府在改革前的所得税收入不受“侵蚀”，因此会对所得税收入基数进行返还。地方所得税收入实际损失则为[(地方税收收入 - 其他税收收入）×

① 资料来源：《中国城市统计年鉴 1998—2013》。

(60%/40%) - 所得税返还基数], 所得税收入实际损失率见式 (5 - 13):[①]

$$\text{地方所得税收入实际损失率} = \frac{(\text{地方税收收入} - \text{其他税收收入}) \times (6/4) - \text{所得税返还基数}}{(\text{地方税收收入} - \text{其他税收收入}) \times (6/4) + \text{地方税收收入} - \text{所得税返还基数}}$$

$$= \frac{1.5 - \text{返还基数}/\text{地方税收收入} - 1.5 \times (\text{其他税收收入}/\text{地方税收收入})}{2.5 - \text{返还基数}/\text{地方税收收入} - 1.5 \times (\text{其他税收收入}/\text{地方税收收入})} \tag{5-13}$$

我们分地区统计了所得税分享改革后地方所得税收入的实际损失率。结论表明，东部地区地市在这次改革后所得税收入的损失程度最大；平均来说，浙江、江苏、福建和山东4个省所辖地市的所得税收入实际损失率居前。中部地区所得税收入实际损失率居中，除湖北和安徽两省所辖地市的所得税收入实际损失率偏低，其余地市所得税收入实际损失率基本保持在5%。西部地区地市所得税损失率最小，西部大部分地市所得税收入实际损失率都在3%以下，为所得税分享改革中财政转移支付补贴的目标对象。

（三）倍差法模型实验组虚变量的构建

由于地方所得税收入损失率可能内生于城市发展水平，并且使用分税改革后实际税收损失率会导致无法识别所得税分享改革前、后的财政压力的变化。从式（5 - 13）中不难发现，决定所得税收入实际损失率有两个关键变量：“基数/地方税收收入”和“除所得税外其他税收收入/地方税收收入”。由于返还基数是相对固定的，因此，地方所得税收入损失造成的财政压力与地方财政对所得税收入的依赖程度（即，所得税收入/地方税收收入）是密切相关的。地方税收对所得税依赖程度越高，所得税分享改革造成的财政压力越大。[②]

强度 DID 是一种类似于双重差分模型的计量回归方式。在双重差分模型中，根据是否接受实验，样本被划分为“实验组”和“对照组”。然而，在所得税分享改革中，所有观测到的样本都受到了“突然”的分税冲击，导致我们无法必然划分“实验组”和“对照组”。强度 DID 模型使用“受到改革冲击的程度”作为划分实验组和对照组的依据，在使用强度 DID 模型时，实验组和对照组是

---

① 其中，地方税收收入、所得税收入均来自《全国地市县统计资料》《中国区域经济统计年鉴》。根据所得税分享改革的实际状况，基数的计算采用2000年所得税总额乘以1998—2000年三年平均的正常增长率进行替代。所得税增长率的计算是使用1998—2000年的几何平均增长率计算得到。因为无法获得2001年各地市1—9月的所得税收入增长率，因此采用该办法进行近似替代。

② 例如，A区的税前所得税依赖度为50%，B区的税前所得税依赖度为10%；那么，改革造成的A区税收损失率为30%，B区税收损失率为6%，A区因损失所得税收入承受的财政压力应大于B区。

“相对”而非“绝对”的。

基于上述逻辑，我们刻画了在所得税分享改革中反映财政压力变化的强度类指标，具体做法是：我们测度了改革前1998—2000年各地市三年所得税占税收收入的结构平均值①，以此刻画不同地市可能受到所得税分享改革冲击的大小。该比例越大说明地方财政收入对所得税收入的依赖程度越强，而地方受到改革影响产生的财政压力越大。我们依次统计分析了所得税依赖程度的年度动态变化趋势；以及按照改革前所得税依赖程度进行四分位分组、观察所得税依赖度高的地区是否在分税改革之后来自所得税的贡献率会更快地减少，结果分别见图5-1。

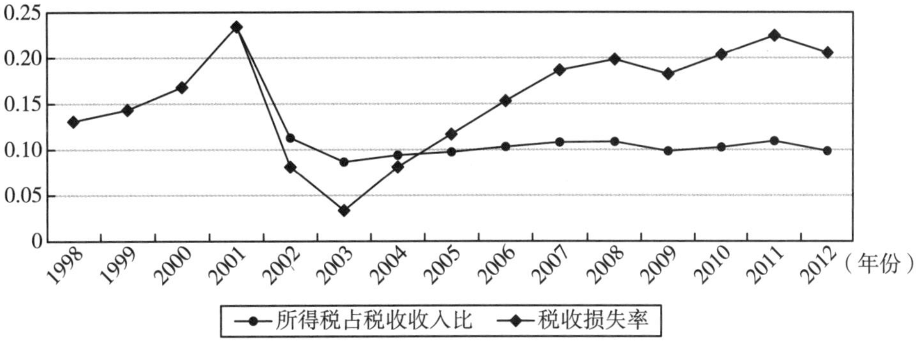

图5-1　所得税分享后税收实际损失率与所得税依赖度关系

图5-1显示了自2002年分税制改革后，全国的税收损失率与所得税依赖度关系。结论显示：首先，自2002年所得税分享改革之后，地方政府来源于所得税收入的贡献显著下降，平均而言，各地市因所得税分享而承受的财政压力是存在的。其次，所得税收入实际损失率与所得税依赖程度保持了大致相同的动态趋势。当所得税依赖程度较低时，所得税收入实际损失率降低；而当所得税依赖程度较高时，所得税收入实际损失率提高。最后，从增长幅度上看，所得税依赖程度一个单位的变化会引起所得税收入实际损失率大于一个单位的变化。

为了进一步验证所得税依赖程度与所得税收入实际损失率之间的对应关系，我们按照税前所得税平均依赖度进行了四分位分组，考察是否所得税依赖度更

① 这样做的好处：一是能够减少双向因果带来的估计偏误，二是考虑到税制结构一般是比较稳定的。我们并没有采用2001年相关数值，因为所得税收入分享改革是增量分成的，所以地方政府大多都在2001年提高了所得税收入，造成加入2001年的所得税依赖度进行比较有失真的风险。

大的地市在分税改革后所得税贡献率①出现了更大幅度的下降，具体见表 5 - 1。

表 5 - 1　　所得税税收贡献度分位组变化　　单位：%

年份	贡献率变化分位组			
	0—25 分位	25—50 分位	50—75 分位	75—100 分位
2001	10.90	7.85	8.11	7.91
2002	2.42	-2.65	-4.92	-8.45
2003	0.54	-5.02	-7.89	-12.02
2004	1.49	-4.18	-6.98	-10.93
2005	2.14	-3.97	-6.29	-11.35
2006	2.70	-3.58	-6.18	-11.19
2007	3.23	-3.00	-5.26	-10.16
2008	3.33	-2.70	-4.91	-10.53
2009	2.28	-3.39	-6.28	-12.02
2010	2.57	-2.92	-5.98	-10.90
2011	3.39	-2.41	-5.19	-10.53
2012	2.56	-3.03	-6.65	-11.78

表 5 - 1 中的第2—5 列显示的是各年度所得税贡献度相对于改革前三年所得税贡献度的变化。从表 5 - 1 不难看出，分税前所得税占比较低的地区，分税改革后税收收入中来源于所得税收入的比例反而有所提高；而随着所得税占比值的不断提高，分税改革后税收收入中来源于所得税收入的贡献度下降显著。所得税分享改革给地方财力带来的冲击是比较明显的。②

（四）实证策略

（1）为了研究财政压力对地方经济增长绩效的影响，我们设定的计量模型见式（5 - 14）：

① 这里的贡献率也即（所得税收入/税收总收入）。

② 由于税前所得税占比是从结构角度考察各地区在所得税分享改革中受冲击的效应，我们同时以税前各地区所得税增长率为基准，从规模上考察了各地区在所得税分享改革中受到的财政压力的冲击：即是否所得税收入增长较快的地区在分税改革后受到的财政压力更大。从规模效应上我们同样也能发现，由于对于所有地区中央政府分享了地方税收收入中的60%，导致税前所得税增长率较低的地区，分税改革后税收增长损失率小；而税前所得税增长率较高的地区，分税改革后税收增长损失率大。后面我们也将以税前所得税收入增长率作为强度指标，进行稳健性检验。由于所涉数据汇报占比篇幅较大，如有读者需要，可直接向作者索取。

$$light_{it}(pergdp_{it}) = \alpha_0 + \alpha_1 D_t + \alpha_2 D_t \cdot D_{group} + \alpha_k \cdot x_{itk} + \alpha_i + year_t + \theta_p \cdot year_t + \varepsilon_{it} \quad (5-14)$$

其中，被解释变量为人均GDP或者是地区夜间灯光亮度。[①] D_t代表所得税分享改革的政策实施时间。D_{group}是以受所得税分享改革影响程度大小来划分“相对”实验组（取值为1）和“相对”对照组（取值为0）；这里分别采取两种划分标准：中位值及所得税占比原值。第一种方式下，设定大于所得税占比中位值的样本为实验组，设定小于中位值标准的则为控制组。第二种方式下，采用所得税占比原值与政策年份做强度DID交乘项，即在每一个分位上，大于该占比值的城市样本都为该分位所属样本的相对实验组。x为控制变量集合。我们选择的控制变量包括：人口和人口密度，固定资产投资率（固定资产额占GDP的比重），消费率（全社会消费零售总额占GDP的比重），政府规模（财政支出占GDP的比重），产业结构（第二、三次产业产值占GDP的比重）。

为了尽量缩减遗漏变量和双向因果的计量偏误，并考虑到可能时间上渐序实施的灯光亮化工程，模型都使用控制时间和地区的双向固定效应模型。[②] 此外，由于地级市的经济发展很大程度上受省级政府的影响，因此，我们进一步控制了省与年份的趋势效应（$\theta_p \cdot year_t$）。

（2）为了研究财政压力对地方投资结构的影响，我们设定的计量模型见式（5－15）：

$$diversity_{it} = \beta_0 + \beta_1 D_t \cdot D_{group} + \beta_2 pergdp + \beta_3 D_t \cdot D_{group} \cdot pergdp + \alpha_k \cdot x_{itk(k=4,\dots,n)} + \alpha_i + year_t + \varepsilon_{it} \quad (5-15)$$

其中，i和t分别表示地级市和年份，α_i为地市固定效应，$year_t$是时间固定效应，ε_{it}为随机扰动项。D_t代表所得税分享改革政策年份，D_{group}这里为各地市改革前三年所得税占本市财政收入比值的平均值，X为一系列控制变量。对于第二个评估模型，我们选取的控制变量包括：（1）城市的投资状况（固定资产额占GDP的比重），投资率可以反映地方投资活动的活跃度。（2）消费率（全社会消费零售总额占GDP的比重），消费率能够反映地区消费水平以及消费需求

① 这里的灯光亮度为地区栅栏上的总灯光亮度，由于每个地区的面积总量为恒定值，因此面积变量会随控制地区固定效应而“消失”，估计结果与使用单位面积灯光亮度是一致的。

② 实验组和对照组的划分是依据1998—2000年所得税占比的三年均值来产生的，它的互为因果关系较弱，因为很难推测每年城市灯光亮度会逆向影响改革前地方所得税收入占比结构。而地方经济初始水平的影响可以通过固定效应做差分消除。当然，后面也将使用控制上一年度GDP的做法来进一步消减双向因果效应。

的旺盛程度，消费率上升可能会提高投资多样性。(3) 政府规模（财政支出占GDP的比重)。(4) 宏观产业结构（第二产业产值占GDP的比重)，产业结构越大越高代表着地区的工业化程度越高。(5) 人口总数和人口密度，采用地市年度总人口比上管辖面积表示人口密度，预期人口越稠密的地区聚集力越强，越能扩大对房地产行业的需求。(6) 鉴于人均GDP相比于总量GDP更能真实地反映地区经济增长水平，本章选取各地级市人均GDP作为经济发展水平的衡量指标。控制变量的数据均来源于《中国城市统计年鉴1998—2013》。

由于我们主要识别财政压力对于地方投资结构多样性的影响，β_1是我们主要关心的系数，它测度的是受财政压力冲击大的地市相对于受财政压力冲击小的地市，在改革后是否显著提高了房地产投资占总投资的比重。我们预期β_1显著为正。同时，我们纳入了税权改革交乘项与地区人均GDP的三重差分项进行检验。这样做是为了关注财政压力效应的地区异质性。我们试图检验经济发达地市相对于经济欠发达地市，如果受更大的财政压力冲击，其投资结构变化是否会存在地区差异性。

三、财政压力影响地方经济增长与投资结构的实证结果

（一）财政压力与地方经济增长

(1) 不考虑财政转移支付因素。表5-2显示了不考虑财政转移支付因素时，基础回归的检验结果；其中，列2和列3显示的使用所得税依赖程度中位组划分实验组和对照组的回归结果；列4和列5是使用所得税依赖程度（强度指标）与改革时间交乘的回归结果。

表5-2　不考虑财政转移支付下财政压力对地方经济增长的影响

变量	灯光	人均GDP	灯光	人均GDP
	中位值分组	中位值分组	强度指标	强度指标
分税制改革时间	-0.576*** (-5.34)	-1.156*** (-15.72)	-0.942*** (-4.61)	-1.141*** (-9.37)
分税制改革交乘项	0.485*** (2.65)	0.179 (1.38)	4.373*** (3.17)	0.662 (0.69)

续表

变量	灯光	人均 GDP	灯光	人均 GDP
	中位值分组	中位值分组	强度指标	强度指标
常数	2.396*** (5.18)	0.296 (0.96)	2.446*** (5.09)	0.307 (0.99)
其他变量	控制	控制	控制	控制
时间	控制	控制	控制	控制
地区	控制	控制	控制	控制
时间与省份交乘项	控制	控制	控制	控制
R^2值	0.6837	0.7281	0.6925	0.7299
F 值	34.82*** (0.00)	52.36*** (0.00)	35.33*** (0.00)	52.06*** (0.00)
观测数	4154	4153	4093	4092

注：***，**，*分别代表在1%，5%和10%的置信区间上显著。所有标准误均为稳健标准误，下同。

结果显示：使用强度 DID 模型，财政压力每提高一个单位，改革后灯光亮度提高4.373个单位；使用中位组进行组别划分，财政压力每提高一个单位，改革后灯光亮度提高0.485个单位。使用人均 GDP 作为被解释变量，双重差分项为正但是系数并不强显著，即省级层面其他宏观政策冲击可能在一定程度上解释了所得税分享改革后的经济增长；同时也说明了人均 GDP 和灯光所刻画的经济发展水平确实存在一定差异。总的来说，财政压力显著促进了地方经济增长，财政压力对经济增长的激励效应得到验证。

（2）考虑财政转移支付因素。接下来，继续考虑财政转移支付对压力型财政激励的影响。参考贾晓俊和岳希明（2012）的研究，我们将样本城市划归为两大类：第一类包括北京、天津、上海、江苏、浙江、广东、辽宁、福建、山东9个省份，它们在改革前后没有（或很少）接收均衡性一般转移支付，为均衡性转移支付的净流出地，赋值为1；其余的为第二类，即均衡性转移支付的相对净流入地，赋值为0。我们将转移支付地区组别虚变量与分税改革交乘项做三重差分项，考察压力式财政激励的经济增长效应在不同转移支付类型地区的异质性效应，结果见表5－3。

表 5－3　考虑财政转移支付下财政压力对地方经济增长的影响

变量	灯光	人均 GDP	灯光	人均 GDP
	中位值分组	中位值分组	强度指标	强度指标
分税改革时间	－0.579*** (－8.75)	－1.145*** (－15.07)	－0.929*** (－10.47)	－1.148*** (－9.92)
分税改革交乘项	0.444*** (5.37)	0.302*** (2.91)	3.469*** (6.49)	1.159* (1.67)
分税改革×转移支付地区类型	0.124 (1.00)	－0.376 (－1.44)	2.336*** (3.82)	－1.283 (－1.01)
常数	2.402*** (11.26)	0.279 (0.92)	3.098*** (4.04)	0.304 (0.98)
其他变量	控制	控制	控制	控制
时间	控制	控制	控制	控制
地区	控制	控制	控制	控制
时间与省份交乘项	控制	控制	控制	控制
R^2值	0.6838	0.6220	0.6937	0.7304
F 值	244.27*** (0.00)	19.95*** (0.00)	252.01*** (0.00)	50.80*** (0.00)
观测数	4154	4153	4093	4092

注：***，**，*分别代表在1%，5%和10%的置信区间上显著。

从回归结果看，首先，所得税分享改革交乘项均显著，即所得收入分税带来的财政压力提高了地区灯光亮度和人均 GDP。然而，转移支付净流出地与分税改革的三重差分项在灯光模型中保持正向显著；即在财政压力下，转移支付净流出地相对于转移支付净流入地的经济增长效应更强。结果表明，在接受财政转移支付较多的地区，由于上级政府的财政转移支付缓解了地方财力约束，压力型财政激励效应并不显著。

（二）财政压力与地方投资结构

接下来我们对式（5－14）进行检验，我们采用了逐步回归的实证方法，得到结果见表 5－4。

表5－4　　　　　　财政压力与地方投资结构

变量	(1)	(2)	(3)	(4)	(5)	(6)	(7)
分税改革交乘项	0.031 (1.47)	0.046 ** (2.25)	0.045 *** (2.19)	0.046 ** (2.21)	0.045 ** (2.17)	0.046 ** (2.22)	0.047 ** (2.51)
分权改革交乘项×人均GDP	－0.0001 *** (－3.55)	－0.000 *** (－3.63)	－0.000 *** (－3.77)	－0.000 *** (－3.78)	－0.000 *** (－3.80)	－0.000 *** (－3.91)	－0.000 *** (－3.91)
控制变量	无	有	有	有	有	有	有
常数	0.015 *** (7.48)	0.024 *** (7.10)	0.015 *** (4.53)	0.015 *** (4.49)	0.009 (1.31)	0.013 (1.48)	0.014 (1.61)
时间	控制	控制	控制	控制	控制	控制	控制
地区	控制	控制	控制	控制	控制	控制	控制
R^2值	0.058	0.077	0.083	0.084	0.085	0.085	0.085
F值	7.683 *** (0.00)	7.384 *** (0.00)	7.106 *** (0.00)	6.891 *** (0.00)	6.567 *** (0.00)	6416 *** (0.00)	6.210 *** (0.00)
观测数	4397	4397	4397	4394	4394	4394	4387

注：控制变量中我们逐步加入了投资率、消费率、政府支出规模、人口、产业结构和人口密度等指标。***，** 和 * 代表在1%，5%和10%的置信度上显著。

从表5－4的结果中我们发现，无论我们是否控制相关变量，财政压力的双重交乘项都显著为正，说明分权体制导致的地方财政压力会使得地方政府加大对房地产行业的投资引导，降低投资多样性。进一步，我们发现财政压力与地区经济发展水平的三重差分项显著为负；这说明经济发展水平较低的地区相对于经济发展水平较高的地区，在应对财政压力冲击时，更倾向于降低投资多样性。这一结论有重要的政策含义，经济发达地区在应对税收收入减少带来的财政压力时，由于政府融资渠道比较多，并不会太过依赖发展房地产行业而减少社会投资结构的多元性。而当经济欠发达地区受到税收收入减少的财政压力时，由于政府可调动的公共资源相对较少，其降低社会投资结构多元性的可能性更高。

（三）机制检验

上面我们检验得到，财政压力会促进房地产行业的发展、减少地方投资结构的多样性，同时促进地方经济增长。那么，地方政府通过促进房地产行业的发展是否会带来地方经济增长呢？如果这一假设成立，那么地方政府在财政压力为追求地方经济增长下会形成单一的产业投资结构，引发宏观经济运行风险。

(1) 产业发展选择。接下来，我们会验证下面三条传导机制：第一，所得税分享改革后，受财政压力激励，营业税源重点相关行业——房地产业得到了更快的发展。第二，所得税分享改革后，地方政府通过高价出让土地，以土地财政等非税收入支持地方经济发展。第三，控制土地财政收入规模不变，所得税改革通过改变地方政府间竞争影响经济增长。

表5-5检验了压力型财政激励下，地方政府通过促进房地产发展和增加土地财政收入进而影响地区经济增长的机制。我们检验了灯光亮度为被解释变量，分别使用中位值分组和使用强度DID模型的回归结果。其中，房地产投资率使用房地产投资总额占GDP值衡量；投资多样性指标借鉴赫芬达尔指数，使用房地产投资总额占社会固定资产投资总额的平方项衡量（该值越大说明投资多样性越低）。

表5-5　传导机制检验：房地产行业发展与土地财政收入

指标	中位值	强度	中位值	强度	中位值	强度
	房地产投资率	房地产投资率	投资多样性	投资多样性	土地财政收入	土地财政收入
传导指标	2.170 (1.53)	0.194 (0.11)	-2.357 (-1.48)	-3.797* (-1.91)	-0.000* (-1.95)	-0.000** (-2.15)
税权改革交乘项	0.252 (1.38)	2.398 (1.58)	0.304* (1.66)	2.805** (2.01)	0.266*** (3.28)	2.708*** (5.02)
税权改革×改革时间×传导机制	2.864* (1.71)	24.501** (2.34)	5.068** (2.36)	36.607** (2.60)	0.00001*** (3.45)	0.0001*** (3.49)
常数	2.488*** (5.54)	2.602*** (5.73)	4.057*** (8.80)	2.541*** (5.59)	1.799*** (6.12)	1.825*** (6.31)
其他变量	控制	控制	控制	控制	控制	控制
时间	控制	控制	控制	控制	控制	控制
地区	控制	控制	控制	控制	控制	控制
R^2值	0.6903	0.7000	0.6874	0.6990	0.6904	0.6993
时间与省份交乘项	控制	控制	控制	控制	控制	控制
F值	34.49*** (0.00)	34.93*** (0.00)	39.92*** (0.00)	34.81*** (0.00)	197.06*** (0.00)	202.61*** (0.00)
观测数	4143	4086	4143	4086	3408	3360

注：***，**，*分别代表在1%，5%和10%的置信区间上显著。

表5-5的回归结果显示，从传导机制的单变量分析，单一的投资结构和较高的土地财政收入对于经济增长是不利的（土地财政收入的负向影响效应相对很小）。传导机制的三重交乘项基本显著为正，这说明所得税分享改革后，财政压力越大的地区如果拥有更高的房地产投资率、更多的土地财政收入和偏向于房地产行业的投资结构，则在所得税分享改革后地区灯光强度更亮（同样，财政压力下土地财政收入对经济增长的贡献率是偏小的）。

财政压力下，偏向于房地产投资或土地出让行为，其带来的经济增长正向效应会抵消传导机制本身的负向效应。结论表明，所得税分享改革形成的财政压力，会通过促使地方政府扶持房地产等地方高税行业的发展，促进地方经济增长。但值得注意的是，大量社会投资都向房地产行业集中，地方经济增长是以单一化的社会投资结构为代价的，这很可能加剧宏观经济体系的脆弱和波动。

（2）政府间竞争。对于压力型激励下的政府间竞争变化，传统财政集权理论认为，税收分成导致地方努力征税的净收益下降，经济竞争可能会扩大真实财政赤字①，财政收入集权有利于降低地方政府过度的竞争和地区分割。中央政府上收流动性税基有利于资源在更加统一的市场内进行有效配置，提高经济发展水平。而新财政集权理论认为，税收分成后，给定资本要素流动、垄断性土地收入和工业发展的政治收益，收入集权压力下地方政府仍然会运用土地出让等非税收入资源来“援助”企业、促进地方经济增长。这里主要验证财政压力的激励究竟“增强”还是“削弱”了政府间竞争。②

表5-6的机制检验中，我们在控制地方土地财政收入规模后，以灯光被解释变量，加入政府竞争指标与所得税分享改革的DID交乘项从而形成三重差分，检验结果如下：

① 税收竞争使得地方政府竞相降低实际税率、财政收入下降；支出竞争导致地方政府竞相提高支出水平；从而导致地方政府真实财政赤字不断增加。

② 根据政治晋升锦标赛理论，对于每一个地级市而言，经济竞争指标是一省之内除该地级市之外其他地级市经济增长率的加权平均值，税收竞争指标是一省之内除该地级市之外其他地级市实际宏观税率（税收收入/GDP）的加权平均值，支出竞争指标是一省之内除该地级市之外其他地级市支出相对规模（财政支出/GDP）的加权平均值，加权系数均为该地市与省内其他地级市之间人均GDP的倒数。

表 5－6　　传导机制检验：政府间竞争

指标	中位值	强度	中位值	强度	中位值	强度
	经济竞争	经济竞争	税收竞争	税收竞争	支出竞争	支出竞争
传导指标	0.007 (1.17)	0.061** (2.01)	0.001 (1.35)	0.003 (1.10)	0.005 (0.98)	0.012 (1.09)
税权改革交乘项	0.496*** (2.69)	3.073** (2.56)	0.496*** (2.68)	3.043** (2.53)	0.321** (2.00)	3.045** (2.54)
税权改革×改革时间×传导机制	−0.069*** (−3.07)	−0.509** (−2.39)	−0.014** (−1.97)	−0.033 (−1.42)	−0.036* (−1.76)	−0.174 (−1.60)
常数	2.397*** (5.18)	1.764*** (2.63)	2.395*** (5.17)	1.819*** (2.76)	1.791*** (2.82)	1.806*** (2.73)
土地收入规模	控制	控制	控制	控制	控制	控制
其他变量	控制	控制	控制	控制	控制	控制
时间	控制	控制	控制	控制	控制	控制
地区	控制	控制	控制	控制	控制	控制
时间与省份交乘项	控制	控制	控制	控制	控制	控制
R^2值	0.6839	0.6986	0.6839	0.6983	0.6893	0.6983
F值	32.99*** (0.00)	37.13*** (0.00)	33.16*** (0.00)	36.45*** (0.00)	36.00*** (0.00)	36.42*** (0.00)
观测数	4150	3358	4151	3358	3407	3359

注：***，**，*分别代表在1%，5%和10%的置信区间上显著。

回归结果发现，税权改革与政府间竞争三重差分项显著为负，说明财政压力下的政府间竞争对经济增长是不利的。中央政府上收流动性税基的税收征管权并提高税收分成比例，降低了地方政府竞争的净收益、加大了支出竞争的财政风险，财政压力会约束地方政府减少支出竞争。但在相同的土地收入规模下，税收竞争仍然能够帮助地方取得经济发展优势，因此地方政府如果能够通过其他财源取得展开竞争的资金，依然会继续有利于工业化及其关联产业的“蒂伯特竞争”。总的来说，财政压力下地方政府支出竞争力度下降，而地方政府拥有足够的土地性财政收入后仍能加强税收竞争程度，提高地方经济增长优势。

（四）稳健性检验

（1）税收增长率匹配强度指标。以改革前所得税占比划分组别或者作为强度指标，是从结构方面刻画地市在分税制改革中的税收相对损失。这里，我们从规模角度切入，以改革前三年的所得税税收增长率为基准，构造强度指标并划分实验组别和对照组别，检验结论稳健性。从回归结果来看，从相对损失规模上刻画所得税分享改革造成的财政压力，同样能够得到财政压力对经济增长正向影响的结论。无论是采用人均 GDP 还是灯光亮度，分税制改革交乘项都保持了正向显著。

（2）财政压力的再提高。所得税分享改革存在两个显著的时间节点：2002 年所得税收入中央政府和地方政府五五分成，2003 年中央享有的所得税比例由 50% 上升到了 60%。如果基础结论成立，当我们在基础模型中再次加入 2003 年为改革时间基准的强度 DID 指标时，所得分税比例的再提高应该对灯光（或人均 GDP）有正向的促进作用。

回归结果显示，在控制 2002 年分税制改革交乘项的基础上，所有 2003 年分税制改革交乘项在小于 1% 的水平上同时显著，与预期吻合，财政压力对经济增长的促进效应得到验证。使用人均 GDP 时，2003 年分税制改革交乘项显著为正，但 2002 年分税制改革交乘项影响不显著；即对于人均 GDP 而言，更高比例分税带来的财政压力的经济增长效应相对更显著。

（3）控制城市初始经济发展水平。由于我们采用的是 1998—2000 年各城市所得税结构作为强度指标并进行了分组，我们担心回归结果是否会受到初始经济发展水平差异的影响。因此，模型进一步控制时间趋势效应并且控制每个地区上一年度人均 GDP。

回归结果显示，在控制住时间趋势项和上年度的人均 GDP 的情况下，灯光模型中税改交乘项仍然在 1% 的水平上显著。[①] 所得税改革交乘项的系数与基础回归相比有所减小，说明初始经济水平和时序惯性增长对结果的影响是存在的，但并不影响基本结论。

（4）控制分权改革：省直管县和撤县设区。与所得税分享改革同步进行的其他分权改革措施还包括“省直管县”改革和“撤县设区”改革，我们试图剥离其他分权改革政策可能带来的经济激励，因此，模型进一步控制“撤县设区”

---

① 被解释变量为人均 GDP 时，由于控制上一年度 GDP 会存在很强的内生性，因此我们控制的是使用 1997 年人均 GDP 乘以时间趋势值 t。

和“省直管县”改革。在此设置“省直管县”和“撤县设区”两个虚拟变量。设如果某市当年所辖县实施了“省直管县”政策取值为1，否则赋值为0；以及将某市当年实施了“撤县设区”政策取值为1，否则赋值为0。

回归结论显示，控制“省直管县”和“撤县设区”后，相对于基础回归结果，灯光模型中核心解释变量系数变小，但在小于1%的水平上显著，基本结论并不受同期分权改革政策的影响。使用人均GDP同样能够得到正向影响系数，但显著度降低，说明灯光与人均GDP在刻画经济发展水平上存在差异。

（5）控制其他宏观发展战略和系数加权。第一，2003—2005年，国务院相继提出振兴东北老工业基地和中部崛起战略，即给予东北地区和中部地区9个省份以倾斜性政策。因此，删除中部、东北地区9个省的数据之后，使用剩余样本再次进行回归。第二，通过观察数据增长趋势，我们发现，2005年以后第三产业增加值迅速上升并数据波动异常，而同时全国土地出让收入在2005年增长率为负。为控制基础回归的结果不受到2005年之后不可观测因素的系统性干扰，将样本缩短至1997—2005年进行回归。第三，我们在1997—2005年样本的基础上，对各指标使用重新分配权重的方法缩减样本间初始经济发展水平差异。[①] 回归结论显示：删除中部、东北地区后的所得税改革交乘项系数明显变大，但系数显著为正，结论稳健。缩短样本的时间段后，双重差分项和强度DID回归系数均显著为正，结论稳健。系数再分配加权后回归结果同样支持基本结论。

（五）实证小结

在这一章节中，作者研究基于2002年所得税分享改革作为地方财政压力变化的外生冲击事件，构建了强度DID计量模型，使用1997—2012年中国城市卫星夜间灯光数据衡量经济发展水平，检验了地方财政压力对城市经济发展水平的影响及其传导机制。

我们研究发现，在财政压力的激励下，地方政府偏向发展地方高税行业、激励地方经济增长；但这也形成了地方偏向房地产行业的经济发展模式、降低了经济发展的多样性。此外，财政压力会约束地方政府减少支出竞争；然而，

① 当年实验组群组（对照组）的人均GDP高于（低于）基年对照组，在对应的“箱”中降低（提高）权重比，使得实验组和对照组尽量可比，并剔除不同“箱”中的样本可能存在的系统性偏差。得到每一个“箱”的权重比后，我们对解释变量和被解释变量乘以加权系数后再进行回归。参见 Dinardo，Fortin 和 Lemieux（1996）。

地方政府会转向使用土地出让收入等筹集资金，作为地区间税收竞争的基础，吸引流动性生产要素。

我们的研究表明，财政制度设计会深刻影响地方政府的行为决策。财政压力激励下地方政府容易形成较为单一的经济发展模式，增加宏观经济风险。地方政府在财政压力下转向使用土地收入等非税收入来源作为新一轮的税收竞争手段，不利于国内统一市场的形成，并有悖于生产要素充分、自由流动的资源配置机制。如何改进地方政府管理模式从而优化地方投资方式呢？我们认为：第一，合理划分中央政府与地方政府的财权责任和事权责任，在税收制度设计上适当增加地方政府的自主决策权，这有利于防范地方政府过于依赖某类地方高税行业的发展模式，增进地方经济发展的多样性。第二，规范政府性基金收入管理，减少地方政府对于土地性财政收入的依赖，这有利于抑制地方政府陷入低效的政府间竞争。

第六章　财政分权体制与企业实际税率

一、财政压力影响企业实际税率的基础理论

（一）研究背景

降低企业税收负担是促进企业投资的重要政策手段。从中国现行税制体系各个税种的实际税率来看，中国企业的名义税率并不高。然而，税负较重仍然是许多企业反映的重点问题，研究导致企业“法定—实际”税率差异的制度成因十分必要（李增福等，2012；刘慧龙和吴联生，2014；贾俊雪，2014）。

影响企业实际税率的主要因素有二：一是企业自身税收筹划等避税行为；二是来自政府提供的税收庇护。后者又包括立法确定的全国性减税政策，以及地方政府有目的地减少纳税人纳税义务的税收庇护行为。地方政府的税收庇护是中国分税制度体系下地方政府吸引流动性生产要素、开展工业化蒂伯特竞争的重要方式[①]。然而不同于规范的法定减税，企业在获取地方政府税收庇护的过程中，为了与地方政府形成某种程度上的“关联”，可能要付出较高的寻租成本（Aller and Elhorst，2005；Qin and Song，2009）。已有研究表明，政企“合谋”是形成地方政府与企业之间的税收利益池、维系其“避税合作”的主要推动力（范子英和田彬彬，2013）。假定这一机制成立，即便企业通过获取税收庇护降低了实际税率，其承担的制度性交易成本也会抵消减税对企业发展的正向激励作用。

减少地方征税机关对企业征税管理的权限、加强国税机关的征管独立性，

① 虽然地方政府并不具备实质税收立法权，但是仍有较大的自由裁量权实施区域性税收优惠或者放松税收征管，竞相开展“逐底”的税收竞争、降低企业负担的实际税率。例如，《国务院关于2012年度中央预算执行和其他财政收支的审计工作报告》中指出，有地方政府违规出台招商引资优惠政策或用财政资金补贴竞争性企业，18个省至年底仍在执行的自定财税优惠文件有760多份，近两年向企业减免或返还税费371.31亿元。

是所得税分享改革以来，中央政府减小地方政府对企业税收庇护的重要方式。但是，这一改革形成的地方财政压力对企业避税的影响研究还没有引起重视。所得税分享改革不仅是将“所得”这一区位粘性低的税基征管权上收中央，它还同时规定，所得税收入的分成比例从改革前地方性企业所得税收入100%归地方政府拥有，转变为中央政府和地方政府对所得税收入实施六四分成。受到政策改革的“财政挤压”效应影响，地方政府自由支配财政收入受到显著约束。为了满足刚性增长的公共支出需求，地方政府会降低税收庇护、加强税收征管力度，企业实际税率上升（Han and Kung，2015；Chen，2017）。如果这一机制能够被证实，将不仅有助于佐证“地方政府根据客观经济和财务环境有选择性提供税收庇护”，加强分税制体系下对地方政府行为决策的分析；同时也将有助于解释企业在现行法定税率不高且减税政策覆盖较广的税收环境下，对税负感知仍十分敏感的内在制度原因。此外，证明该机制还能为中国分税制改革后地方政府发挥了“援助之手”还是“攫取之手”，以及辖区间税收庇护的策略性互动行为评估提供了新的经验证据。

在这一章节，作者进行的工作包括：首先，我们从中央政府与地方政府“税收分成变化”引起财政压力的角度实证评估了企业实际税率的行为变化，论证了地方政府“策略性调整税收庇护”的命题，从而为企业承担制度性避税成本的命题提供了经验上的解释。其次，在理论分析方面，我们构造了一个“中央—地方政府”分税格局的理论框架，区分所得税（中央主导税）和销售税（地方专享税）两种属性不同的税种，内生刻画了地方财政压力的决定过程。在这一设定基础上，我们实证检验了地方财政压力下的最优税率结构问题。最后，在实证方面，我们基于2002年所得税分享改革的政策构造财政压力强度倍差模型，使用中国1997—2012年上市公司匹配数据，检验地方财政压力对公司实际税率的影响及相关传导机制。

我们的研究与Chen（2017）的研究比较接近，但仍在以下三个方面存在显著不同：一是Chen（2017）重点检验了取消农业税产生的财政压力对于工业企业增值税税率的影响，而我们的研究重点是以上市公司为主要样本分析对象，这有利于我们分析不同行业的企业实际税率对财政压力变化的回应异质性。二是我们的研究侧重于研究财政压力对于企业营业税实际税率和所得税实际税率的影响。在中国的税制体系中，增值税属于价外税，对企业利润变动幅度的影响较小；而营业税属于价内税，营业税实际税率变动幅度对企业利润的影响较大。而由于营业税一直由地方税务局征收，因此，也更容易受到地方财政压力变动的影响。三是我们在以所得税分享改革测度地市遭受财政压力的变化时，同样也考虑了其他地方主要税种分税规则变化可能带来的影响。

（二）财政压力影响企业实际税率的理论机制

大多研究观点都认同中国地方政府对地方企业尤其是高税、大型企业有强烈的税收庇护倾向，推动了企业避税。例如，第二代财政联邦主义认为，中国式分权之所以能取得经济上的巨大成功，是因为分权制度在地方政府之间创造了类似于市场竞争的良好机制，地方政府会为企业的发展提供良好的商业环境，保护辖区内企业的发展（Qian and Weingast，1997；Jin et al.，2005）。同时，中国式分权促使地方政府官员为最大化地方财政收入而展开辖区间竞争，吸引流动性生产要素、限制地方政府的“掠夺行为”。

税收竞争理论认为，中国的行政分权为地方政府发展本地经济提供了强烈的激励，由于地方官员在财政支出和事务决策上拥有较高的自由度，他们倾向于通过放松税收征管、提供税收优惠等方式降低企业实际负担税率，帮助企业避税（Ma，1997；范子英和田彬彬，2013）[①]，充当地区企业发展的“援助之手”（张军等，2007；方红生和张军，2014；谢贞发和范子英，2015）。地方政府往往会就降低企业实际税率展开标尺竞争，“税收模仿”也即实际税率的逐底竞争机制是成立的（Besley and Case，1995；李永友和沈坤荣，2008；李永友和沈玉平，2009；龙小宁等，2014）。

政治晋升理论指出，在一个金字塔式的行政层级结构中，地方官员面临有限的晋升机会，在“攀比”激励下选择使用税收庇护等方式保护本地企业发展经济，以此取得晋升排序上的优势（Li and Zhou，2004；周黎安等，2011）。相关的实证研究也证实了我国的地方官员在基于上级评价的“自上而下”的晋升机制下，有很大的激励采用税收庇护等的方式来保护当地企业（Cai and Treisman，2006；周黎安和陶婧，2009）。

那么，地方政府提供税收庇护、激励企业避税的约束条件有哪些？第一，地方政府拥有充分的预算弹性。不论是地方税务机关主动放松征管、还是提供区域性税收优惠政策，都需要保证增加的税收庇护成本不会形成“财政悬崖”、导致财政风险。换句话说，虽然地方政府放弃了因税率降低可能带来的税收收

① Tsui（2005），陶然等（2009）认为，由于制造业部门有着相对服务行业更大的资本流动性，地方政府会极高的提供税收庇护的激励。

入，但是仍然有足够的财政预算收入满足本地刚性增长的支出需求。只有满足这一条件，地方政府才能够避免预算赤字、降低支出竞争的能力。否则，在支出竞争的压力下，地方政府会通过加强税收征管和减少税收庇护的方式保证足额的税收收入（沈坤荣等，2006；Jacobs et al.，2010；王小龙和方金金，2015）。第二，地方税务机关拥有相对独立的征管权。地方税收管理系统有着高度的税收征管自由权，可以选择在潜在税基中“多征”或“少征”。

由此，我们不难推断，从财政压力的角度出发，当地方政府不存在财政压力时，为了吸引住流动性生产资本或者出于维持企业与政府之间存在的“政治关联收益”，地方政府可能不会完全实现税收收入的“应收尽收”。在潜在的税收收入中，地方政府在一定的程度内可能会策略性“少征”、以维持地方竞争优势。但是，当地方政府“面临”突然增加的财政压力时，如果短期内没有其他有效增加政府收入的弹性增收手段，则地方政府可能迫于财政压力的变化减少对企业的税收庇护，从而导致企业实际税率的上升。

（三）理论分析框架

1. 分散化经济

假设在分散化经济中，存在一个代表性厂商和一个无限期生存的代表家庭。家庭拥有资本，厂商在要素市场上向家庭租借资本，并进行生产决策。厂商只投入资本一种生产要素，生产函数为：

$$Y_t = aK_t \tag{6-1}$$

其中，Y_t 表示厂商的产出量；K_t 表示厂商投入的资本要素；a 为生产技术。代表性厂商在要素市场上租借家庭的资本作为生产要素，同时需要向家庭支付资本利息（设资本利息率为 r_t）。进一步，假设政府向厂商征收一个税率为 τ_k 的利润税，那么，厂商面临的利润最大化目标为：$\max\limits_{k_t}(1-\tau_k)\prod_t=(1-\tau_k)(Y_t-r_tK_t)$。解得一阶条件为：

$$r_t = a \tag{6-2}$$

进一步地，代表性厂商的利润均作为家庭收入归代表性家庭所有，同时家庭会从要素市场中获得资本利息收入。政府向家庭征收税率同样为 τ_k 的资本利得税，家庭将总税后收入在消费、投资再生产和政府债券投资之间进行配置。政府除征收利润税、资本利得税外，还在产品销售或服务提供环节征收销售税，并用以供给公共产品。代表性家庭效用来自于私人产品消费和公共产品消费，其跨期贴现效用函数采用对数线性函数形式①：

$$U_t = E_t\int_{t=0}^{\infty} e^{-\rho t}(\ln C_t + \varphi \ln G_t)dt \tag{6-3}$$

其中，U_t 表示代表性家庭的跨期贴现效用；E_t 表示期望算子；C_t 表示私人产品（服务）消费量；G_t 表示公共产品消费量；ρ 表示贴现率；φ 表示私人产品与公共产品的替代效用系数。

2. 两级政府

政府部门划分为中央政府和地方政府两级。中央政府获得所得税，其中包括两部分：一部分是企业缴纳利润税 $\tau_k \prod_t$，另一部分是家庭缴纳的资本利得税 $\tau_k r_t K_t$。中央政府将所得税按照一定比例 μ 分享给地方政府，地方政府获得全部销售税。中央政府根据其所得税量入为出，实行平衡预算。地方政府发行政府债券弥补其财政赤字，以实现预算平衡。因此，地方政府的预算约束为：

$$\dot{B}_t = G_t + rB_t - \mu(\tau_k \prod_t + \tau_k r_t K_t) - \tau_c C_t \tag{6-4}$$

其中，$\dot{B}_t$ 表示地方政府发行债券；G_t 表示地方政府供给的公共产品；r 表示政府债券利息率；τ_k 和 τ_c 分别为所得税税率和销售税税率。rB_t 表示地方政府支出的债券利息；$\mu(\tau_k \prod_t + \tau_k r_t K_t)$ 表示地方政府从中央政府分成获得的所得税；$\tau_c C_t$ 为地方政府征收的销售税。

中央政府将取得的所得税以转移支付补贴给代表性家庭。如上面所述，代表性家庭将其税后收入在消费 C_t、物资资本 K_t 和政府债券 B_t 之间进行配置，代表性家庭预算约束为②：

$$\dot{K}_t + \dot{B}_t = (1-\tau_k)r_t K_t + (1-\tau_k)\prod_t + (1-\mu)(\tau_k \prod_t + \tau_k r_t K_t) + rB_t - (1+\tau_c)C_t \tag{6-5}$$

地方政府的公共产品支出 G_t 为产出的一定比例：

$$G_t = gY_t \tag{6-6}$$

在分散化决策经济中，结合条件式（6-6）和生产函数，在代表性家庭预

① 本书采用的对数线性效用函数为常相对风险厌恶（CRRA）效用函数的特例。CRRA 效用函数形式为 $u_t = \frac{1}{r-1}(C^t G^{\varphi})^{r-1}$，$r \neq 1$，其中为典型代理人的瞬时效用，当 $r=1$ 时，即为 $u_t = \ln C_t + \varphi \ln G_t$。在 CRRA 效用函数的一般形式下，推导结论不受影响。

② 我们假设物质资本不存在折旧。

算约束式（6－5）下，解家庭跨期贴现效用函数最大化问题为：

$$\max_{c_t,k_t,b_t} H_t = e^{-\rho t}\{(\ln C_t + \varphi \ln G_t) + \lambda_t[(1-\mu\tau_k)aK_t + \gamma B_t - (1+\tau_c)C_t - \dot{K}_t - \dot{B}_t]\}$$

得到一阶条件：

$$\lambda_t = \frac{1}{(1+\tau_c)C_t}$$

$$\dot{\lambda}_t = \rho\lambda_t - \lambda_t(1-\mu\tau_k)a = \rho\lambda_t - \lambda_t r$$

分散化经济的均衡增长路径为：

$$\theta = \frac{\dot{K}_t}{K_t} = \frac{\dot{B}_t}{B_t} = \frac{\dot{C}_t}{C_t} = (1-\mu\tau_k)a - \rho \tag{6-7}$$

假设消费—资本比率为 $\eta = \frac{C_t}{K_t}$，则：

$$\eta = \frac{C_t}{K_t} = a(1-g) - (1-\mu\tau_k)a + \rho \tag{6-8}$$

设政府债务—资本比率为 $\omega = \frac{B_t}{K_t}$，则结合式（6－4）、式（6－7）和式（6－8）得到：

$$\tau_c = \frac{(g-\mu\tau_k)a}{\eta} - \frac{\theta-\gamma}{\eta}\omega \tag{6-9}$$

将地方政府的债务政策$\frac{B}{K}$用于表示财政压力，即$\frac{B}{K}$越大，地方政府财政压力越大。那么，式（6－9）可以看作是地方政府财政压力的内生调整的决定方程。从式（6－9）不难看出，所得税率 τ_k 和销售税率 τ_c 越大，地方政府财政压力越小。因此，提高所得税税率和销售税税率有助于降低地方财政压力。

3. 中央政府决策

假定所有的经济决策由中央政府作出，则整个经济的资源约束为：

$$\dot{K}_t = aK_t - G_t - C_t \tag{6-10}$$

在式（6－10）和式（6－6）的约束下，求式（6－3）的最大化问题，构造汉密尔顿函数：

$$\max_{c_t,K_t} H_t = e^{-\rho t}[(\ln C_t + \varphi \ln gaK_t) + \lambda_t(aK_t - gaK_t - C_t - \dot{K}_t)]$$

那么，分散化经济的均衡增长路径为：

$$\theta = \frac{\dot{K}_t}{K_t} = \frac{\dot{C}_t}{C_t} = (1-g)a + \varphi\eta - \rho \tag{6-11}$$

4. 财政压力和最优税率结构

中央政府会要求地方政府采取最优税率政策来实现平衡增长路径。从分散化均衡条件式（6-8）可以看出，地方政府需要调整实际所得税率 $\mu\tau_k$ 来实现平衡增长路径。最优所得税率由式（6-10）和式（6-7）决定，即：

$$(1-\mu\tau_k^*)a - \rho = (1-g)a + \varphi\eta - \rho$$

最优所得税率为：

$$\mu\tau_k^* = \frac{ga + \varphi\eta}{a} \tag{6-12}$$

在平衡增长路径上，消费—资本比率 η 为常数，地方政府需要调整的最优所得税率是中央政府外生确定参数的函数，与本地财政压力无实质关联。由此做出假说一：

假说一：均衡增长路径下，地方财政压力对所得税率无显著影响。

如果最优所得税率给定，结合式（6-8）和式（6-9），意味着地方政府要在销售税和财政压力之间进行权衡取舍。从式（6-9）可以看出，销售税率的提高有助于降低地方政府财政压力。由此，得到本章假说二：

假说二：均衡增长路径下，地方财政压力会激励提高销售税率，减少税收庇护。

二、财政压力对企业实际税率的评估方法

在这一章节中，我们实证评估的重点是利用“所得税分享改革”构造倍差法模型，实证检验财政压力对企业实际税率的影响。

（一）所得税收入实际损失率

有关所得税收入实际损失率的测算方法，我们在上一章已经详细描述过，便不再赘述。

（二）企业避税变量及控制变量

政府提供税收庇护的形式十分多样，包括放松税收管制、提供税收优惠、增加税前抵扣等。它们对企业避税的影响最终都会体现在企业实际承担的税率上。常见的税收庇护的指标有两类：第一，上市公司的实际税率，这也是税收

竞争文献经常采用的做法（李永友和沈玉平，2009；龙小宁等，2014）。第二，账面—应税收入差异。我们采用第一种方法衡量企业避税。其中营业税税率为营业税金及附加除以公司主营业务收入；由于营业税征管权在所得税分享改革前后并没有发生变化，这一指标可以更加单纯地用来观察财政压力对公司税收庇护的影响。所得税税率的衡量方式等于（税前利润－净利润）/税前利润（即所得税费用/税前利润）。

为了进一步控制企业自身特征和财务决策对公司实际税率的影响，我们从上市公司数据库中调取的主要控制指标还有：企业经营规模（营业收入/资产）、资产负债率（总负债/总资产）、权益乘数（所有者权益/负债）、固定资产占比率（企业固定资产总额/总资产）、运营成本率（主营业务成本/企业主营业务收入）。宏观层面变量控制城市经济增长率、财政支出相对规模（财政支出/GDP）和第二、第三产业产值比重。我们通过个体固定效应控制公司非可观测等自身税务筹划行为对实际税率的影响，通过时间固定效应控制恒定的时序冲击对公司实际税率的影响。[①]

（三）数据来源

研究使用的样本是1997—2012年中国大陆地区上市公司的样本。采用这一样本的好处是：第一，上市公司一般为大型企业，而大型企业更容易接受来自地方政府的税收庇护、实现避税；第二，上市公司的财务年报数据透明度较高，数据准确性和可靠度更好；第三，上市公司分属不同的行业，这有利于我们观察主属地方税收征管体系和主属中央税收征管体系的公司对地方财政压力的异质性回应。

根据我国税法规定，企业所得税和营业税的纳税地点主要采用注册地标准，我们主要依据上市公司注册地信息将微观公司与对应地方城市进行匹配[②]。我们对上市公司样本进行了如下筛选：第一，剔除了公司注册地在直辖市的上市公司。第二，剔除样本年份内发生退市、停牌、ST股和＊ST股的上市公司。第三，

---

① 相关数据来自于国泰安（CSMAR）数据库。

② 需要说明的是，实务中，纳税地标准也有可能是实际管理机构所在地。如果出现实际机构管理地和注册地不一致的情况，后面稳健性检验中也会做出相应处理。另外，根据《中华人民共和国营业税暂行条例》的规定，纳税人提供应税劳务应当向其机构所在地或居住地主管税务机关申报纳税；但是当发生纳税人提供建筑业劳务以及国务院财政、税务主管部门规定的其他应税劳务时，应当向应税劳务发生地的主管税务机关申报纳税；如果没有向应税劳务发生地主管税务机关申报纳税的，应由其机构所在地或居住地的主管税务机关补征税款。因此，很有可能出现营业税一部分是在业务地进行征管的做法。但考虑到既有文献惯有的做法（罗党论等，2016；吴超鹏和唐药，2016），并且考虑到总公司是对公司负有最终的税收法律责任，我们还是以注册机构所在地为标准，将公司与城市进行匹配。

剔除样本期内注册地发生改变的上市公司。第四，剔除主营业务发生异常波动的公司；它包括：主营业务在前后三年内发生异常变动的；营业收入小于或等于零的；营业税收入小于或等于零的；所得税实际税率大于或等于100%的；资产负债表不平衡的；资产总额小于零的；企业运营成本等于零的。最终一共获得14861个样本。

（四）技术方法

与上一章节选用的技术方法类似，我们借鉴了Chen（2017）的做法，使用强度倍差模型对财政压力的避税效应进行检验。我们采用这一做法构建DID模型的好处体现在三个方面：第一，如果我们使用税收收入损失率指标，则只能获取改革后各地的所得税收入损失情况，无法体现所得税分享改革带来的地方政府财政压力变化、从而去构造双重差分模型。第二，由于税收损失率指标受到了改革政策和其他宏观因素的影响，如果我们直接使用改革后的税收损失率构造双重差分模型，会导致实验组和非实验组的划分不随机，一个样本可能多次进入或退出实验组，从而使得估计存偏。第三，从财政制度上讲，受经济基础、产业结构、地理文化等因素的综合影响，地方税源结构一般是比较稳定的。也即，在短期内，地方财政支出是刚性增长的，而地方税源结构很难有显著变化。因此，如果改革前所得税收入占地方政府税收收入的比重较高，而地方各税源对税收收入的贡献率又保持了相对稳定的增长趋势，中央政府的分税则会给这些地市带来更大的财政压力冲击。相对来说，“留存基数”对所得税税收损失率的影响是小的，而且应该会越来越小。

根据研究假设，构建计量模型如式（6-13）：

$$\begin{aligned} Taxrate_{it} = {} & \alpha_0 + \alpha_1 Treat_i + \alpha_2 D(year \geqslant 2002)_t \\ & + \alpha_3 [Treat_i \times D(year \geqslant 2002)_t] + X_{it}\beta + \varepsilon_{it} \end{aligned} \tag{6-13}$$

其中，$Taxrate_{it}$分别代表i公司t年的实际税率，本文主要考察所得税和营业税两类税种的税负；$Treat_i$为根据上市公司注册所在地的税收收入对所得税的依赖程度构建的强度类指标；$D(year \geqslant 2002)_t$为改革前后的虚拟变量，在2002年之后取值为1，否则为0；X_{it}为包含其他影响公司实际税率的控制变量矩阵，ε_{it}是随机误差项。这里的α_3是我们所关注的核心系数。如果α_3大于零，说明所得税分享改革后，财政压力越大的地方政府显著降低了税收庇护、企业避税程度下降。如果α_3小于零，说明所得税分享改革后，财政压力越大的地方政府进一步提高了税收庇护，企业避税程度上升。如果α_3不显著异于零，说明企业避税对地方财政压力改变的回应不显著。

（五）描述性统计

进一步地，我们对核心变量进行了统计性分析，具体见表6－1。

表6－1 核心指标的统计性描述

变量	观测值	平均值	最大值	最小值	标准差
营业税税率	14635	1.44%	89.80%	0.00%	0.026
所得税税率	14861	15.45%	98.04%	－2281%	0.3706
企业经营规模	14858	0.6524	9.000	0.0011	0.516
资产负债率	14861	0.4514	0.9896	0.000	0.2010
权益乘数	14860	2.293	138.462	0.0057	4.4348
固定资产占比率	14779	0.4509	1.000	0.000	0.2087
运营成本率	14861	0.6154	9.000	0.0106	0.5095
城市经济增长率	14825	12.6894%	790.50%	－48.8%	7.3937
财政支出相对规模	14668	0.1036	7.6634	0	0.2304
第二、三次产业产值比重	14823	90.60%	393.09	0	12.4599

从对表6－1的分析发现，上市公司的营业税实际税率和所得税实际税率都显著低于税法规定的法定税率；上市公司营业税税率平均值仅为1.44%，而法定营业税税率一般不低于5%（考虑营业税金附加费用应该会更高）。企业所得税实际税率方面，上市公司所得税实际税率平均值为15%，而2007年“两税合并之后”内资企业法定所得税税率为25%（“两税合并”之前内资企业法定税率为33%），上市公司的避税程度平均上是较大的。统计回归结果也暗示了，地方政府在应收的税收收入中总会留有一部分征管弹性空间。而这部分“应收”与“实收”税收收入之间的差距及差异变动，可能就会受到地方财政压力的影响。上市公司负债状况平均值低于50%，说明样本公司财务风险可控；权益乘数均值为2.293，说明样本公司的财务融资策略偏激进。平均上看，公司固定资产投资率和相对运营成本率值处于正常范围内。从宏观控制变量上看，城市经济增长率平均值为12.69%，经济增速较快；财政支出占GDP的平均值为10.36%；城市化水平普遍较高，第二、三次产业占GDP比值的均值为90.60%。

三、财政压力影响企业实际税率的实证结果

（一）基础实证结果

（1）平行趋势假设。为了检验实验组企业和对照组企业在改革前是否存在系统性差异，我们将企业划分为实验组（地市所得税收入占比大于样本均值）与对照组（地市所得税收入占比小于样本均值），分别统计检验了实验组企业和对照组企业在改革前和改革后的营业税税率的差异显著性以及所得税税率的差异显著性，具体结果见表6-2。

表6-2　平行趋势检验

营业税税率	实验组	对照组	均值差异	双重差分系数
改革前	0.0035	0.0140	-0.0105 (-1.4127)	0.0124*** (4.01)
改革后	0.0154	0.0136	0.0019*** (3.84)	
所得税税率	实验组	对照组	均值差异	双重差分系数
改革前	0.0620	0.1284	-0.0664 (-0.0816)	0.0681* (1.81)
改革后	0.1595	0.1612	0.0017 (0.2405)	

注：括号中汇报的是T值；***，**和*分别代表1%，5%和10%的水平显著。

从表6-2的统计结果来看，在所得税分享改革前，无论是营业税实际税率还是所得税实际税率，实验组和对照组都没有显著的差异；结果说明，至少在营业税税率和所得税税率方面，实验组企业和对照组企业在改革前不存在系统性差异，模型估计满足平行趋势假设。改革后，我们发现，实验组企业相对于对照组企业的营业税税率在所得税分享改革之后有了显著的上升；不控制其他变量时双重差分T值检验也显著为正，说明所得税分享改革确实导致了企业营业税实际税率的上升。另外，实验组企业相对于对照组企业的所得税税率在所得税分享改革后变化并不显著；虽然在不控制其他变量的双重差分T值检验中，实验组企业的所得税税率也出现了上升，但其T值并不是十分显著。这说明，所得税分享改革后，实验组企业的所得税税率并没有发生明显改变。

（2）基准回归结果。表6－3中汇报了基准回归结果。模型1—3是以双向固定效应为基础的强度倍差模型下，地方财政压力对公司营业税实际税率影响的回归结果。模型4—6是双向固定效应为基础的强度倍差模型下，地方财政压力对公司所得税实际税率影响的回归结果。

表6－3　　　　　　　　　　基础回归结果

变量	模型1	模型2	模型3	模型4	模型5	模型6
所得税占比强度×改革时间	0.024** (2.21)	0.020** (2.06)	0.013*** (2.97)	0.068 (0.65)	0.017 (0.16)	0.010 (0.10)
改革前所得税占比强度	－0.197 (－0.23)	－0.197*** (－4.46)	－0.187 (－0.22)	－1.272 (－0.06)	－1.400 (－0.07)	－1.372 (－0.07)
企业经营规模	—	0.019*** (3.87)	0.019*** (7.34)	—	0.562*** (9.23)	0.559*** (9.14)
资产负债率	—	－0.001 (－0.35)	－0.001 (－0.62)	—	－0.016 (－0.47)	－0.020 (－0.60)
权益乘数	—	－0.002 (－1.04)	－0.002*** (－4.10)	—	0.000 (0.24)	0.0002 (0.23)
运营成本率	—	－0.027*** (－5.09)	－0.026*** (－10.18)	—	－0.553*** (－8.85)	－0.551*** (－8.77)
固定资产占比值	—	－0.0183*** (－4.84)	－0.018*** (－14.00)	—	－0.113*** (－3.73)	－0.114*** (－3.74)
地区经济增长率	—	—	－0.000*** (－4.69)	—	—	0.000 (0.36)
地区财政支出相对规模	—	—	－0.001* (－1.80)	—	—	0.003 (0.14)
地区产业结构	—	—	－0.000*** (－3.27)	—	—	－0.000 (－0.58)
常数	0.009*** (9.33)	0.055*** (5.63)	0.067*** (0.43)	0.326*** (0.09)	0.116 (0.95)	0.385 (0.10)
企业固定效应	是	是	是	是	是	是
年份固定效应	是	是	是	是	是	是
R^2值	0.0345	0.0723	0.0762	0.0035	0.0131	0.0132
F值	5.37***	45.30***	41.69***	2.71***	7.82***	6.85***
观测样本	14597	14586	14431	14823	14737	14582

注：括号中汇报的是T值；***，**和*分别代表在1%，5%和10%的水平上显著。

检验结果发现，所得税分享改革之后，受财政压力较大的地方政府相对于受财政压力较小的地方政府显著减少了对企业的税收庇护、企业实际税率上升。但是，税收庇护变化程度在不同税类间反映不相同。所得税分享改革交乘项对公司实际营业税税率的影响均为正，并都通过了显著性检验；说明所得税分享改革之后，地方政府降低了营业税类的税收庇护、公司营业税实际税率上升①。所得税分享改革增加了地方政府的财政压力，使得营业税这一独立地方性税源对地方财政收入的重要性增加；而营业税税负比较容易实现转嫁、企业的税负感知度不强；为缓解地方财政压力，地方政府减少了分成比例高的营业税类的税收庇护，验证了假说二。

另外，所得税分享改革之后，地方政府对所得税类的庇护程度变化不显著。与既有研究认为“所得税分享改革提高税收征管独立性、降低所得税税收庇护”的观点不同，我们发现，虽然所得税实际税率的提高有利于缓解地方财政压力，但由于所得税收入分成比例地方政府只存留40%，地方政府降低税收庇护、提高所得税收入的积极性并不高。同时，企业对所得税税负感知强，为避免流动性税基的损失，地方政府也缺乏降低所得税类税收庇护的动力。这一结论与假说一吻合。

（3）考虑“中央—省—市”分税规则变化。在上面的各项回归检验当中，我们重点讨论的是“中央”与“省及地市”之间所得税分享比例的变化问题。但值得注意的是，当中央政府改变了其与地方的所得税分享比例时，省政府也可能会变动内部（即省级政府本身与地市政府）其他各项税收分享比例，从而进一步影响地市的财政压力状况、改变企业的实际税率（吕冰洋等，2016）。如果这一机制成立，我们观察到的企业实际税率的变化就可能包含了省以下其他分税比例变动（尤其是省级政府提高分税比例）导致的税率变化效应，造成系数高估。为了剔除省以下其他税分税比例的变动可能导致的财政压力影响，我们重点考虑了所得税分享改革后、省政府是否改变了其与地市的营业税分享比

① 我们进一步考虑到，企业的权属特征会影响到地方政府财政压力的变化。因为根据我国企业所得税相关制度规定，省属企业产生的所得税收入归省级政府所有，地方属企业的所得税收入归地市级政府所有。那么，如果一个地区的上市公司主要以省属上市公司为主的话，则地市级政府的财政压力在改革前后的变动是不大的，这就会导致估计偏误。因此，我们进一步将所有数据加总到省级层面进行了回归，即，我们在省级层面上再次检验了所得税分享改革对上市公司营业税平均税率和所得税平均税率的影响。结果我们发现，所得税分享改革提高了上市公司营业税平均税率（系数0.0086，T值6.23），而对上市公司所得税平均税率没有显著影响（系数值为0.0306，T值为0.96）。这说明，当我们排除企业权属性质导致地方所得税损失率产生的差异、而仅关注财政压力的平均效应时，仍能得到相同的结论。

例。我们手工收集了样本省份从1997—2012年省以下各主要税种的分税文件。根据收集的文件信息，我们在模型中进一步控制了“省级政府上一年营业税的分享比例”的指标。我们选择控制上一年度省级政府营业税分享比例的原因有：一是，不同省份在不同的月份变更了其营业税分享比例，为了统一省级营业税分税规则对公司实际税率产生的影响，我们使用了滞后一期的数据；二是，使用滞后项一定程度上控制分税规则变化对企业实际税率的影响可能存在滞后效应。估计结果见表6－4的第1—3列。

我们构建的强度指标在一定程度上受到改革前后“中央—省—市”之间所得税规则变化的影响。如果在所得税分成比例上，中央政府提高了所得税分享比例，然而省级政府大幅度降低了所得税分享比例，从而导致地市政府享受的所得税比例反而就改革前有所提高，那么我们构建的强度指标就无法真实体现地市政府财政压力的相对变化。为了解决这一问题，我们首先分析了各省颁布的所得税分享政策文件。我们发现绝大多数的省份（超过样本省份的80%）在所得税分享改革之前，省级政府均不参与所得税收入的分成，地市政府在改革之前占有全部的所得税收入。从这一个角度来说，在平均效应上，中央政府进行所得税分享改革会导致地市政府分享所得税比例的下降，增加地方政府的财政压力。进一步地，样本省份中有两个省份（海南省和吉林省）在改革之后的三年内，由于省级政府降低了所得税分享比例，导致了地市级所得税分享比例反有提升。因此，我们剔除了海南和吉林两省的公司样本进行回归。回归结果显示，所得税分享改革对公司实际营业税税率的影响显著为正（系数0.0183，T值3.78），对公司实际所得税税率的影响不显著（系数为－0.0166，T值为－0.14）。另有两个省份（辽宁省和湖北省）分别于2011年和2012年下调了所得税分税比例，导致地市分享所得税收入比重较刚实施所得税分享改革时上升。虽然这两个省份下调所得税分享比例的时间距离所得税分享改革较长，地市政府财政压力变化受所得税分享改革的影响较弱，但我们依然在上一步的基础上剔除了辽宁省的公司样本和湖北省的公司样本再次进行了回归。回归结果显示，所得税分享改革对公司实际营业税税率的影响显著为正（系数0.0206，T值4.05），对公司实际所得税税率的影响不显著（系数为0.0019，T值为0.02）。最后，更一般化地，我们在基础模型中控制了上一年度省级政府分享所得税的比例，回归结果见表6－5的第4—5列。

表 6 - 4　　考虑省以下营业税分享比例的变动

变量	营业税税率	所得税税率	营业税税率	所得税税率	营业税税率	所得税税率
所得税占比强度×改革时间	0.0161*** (3.35)	0.0260 (0.22)	0.0130*** (2.62)	0.0073 (0.06)	0.0195** (2.91)	-0.0138 (-0.09)
省级政府营业税分享比例	-0.0051*** (-2.75)	0.0314 (0.18)				
省级政府企业所得税分享比例			-0.0117*** (-4.40)	-0.0298 (-0.46)		
省级政府个人所得税分享比例			-0.0018 (-0.68)	-0.0182 (-0.29)		
常数	0.0669 (0.43)	0.3672 (0.10)	0.0650 (0.42)	0.3589 (0.09)	0.0673 (0.43)	0.1907 (0.05)
其他控制变量	是	是	是	是	是	是
企业固定效应	是	是	是	是	是	是
年份固定效应	是	是	是	是	是	是
省份×时间效应	无	无	无	无	是	是
R^2值	0.0753	0.0130	0.0776	0.0130	0.1269	0.0688
F 值	38.45***	6.29***	38.27***	6.06***	4.46**	2.29***
观测样本	14067	14205	14067	14205	14431	14582

注：括号中汇报的是 T 值；***，** 和 * 分别代表在 1%，5% 和 10% 的水平上显著。

最后，由于省政府在制定省以下税收分成比例的时候拥有较大的自由裁量权；并且，省级政府在制定省内的分税比例时，省以下绝大部分的地市面临分税比例相同。鉴于此，我们还进一步控制了省份与时间的交乘项，以控制各省份税收规则变动在不同年份对企业实际税率带来的冲击，得到结果见表 6 - 4 的第 5 至 6 列。

从回归结果看，在所得税分享改革后，无论是控制省级政府营业税分享比例、还是控制省级政府所得税分享比例、抑或是控制省份与时间固定效应的交乘项，我们的核心变量 -（所得税占比强度×改革时间）- 在营业税税率的模型中均显著为正的。这说明，所得税分享改革导致的财政压力会促使地方政府减少税收庇护，提高销售税类的税率。而从另一方面看，所得税分享改革导致的财政压力对公司所得税实际税率均无显著影响。

我们还有一些有意思的发现：当省级政府提高营业税分税和所得税分税比例后，公司营业税实际税率出现了显著的下降，这说明不同层级分税规则的变化对地方政府造成的激励效应是不同的。在省内部的分税规则变动影响下，地方政府分享税收收入比例下降会逆向刺激地方政府提高税收庇护、保护地方高税行业的发展。换句话说，如果分税造成的财政压力来自中央政府，地方政府的应对措施是减少税收庇护、补充地方财力；而当分税造成的财政压力来自地方省级政府，地方政府更愿意保护地方产业的发展，通过拓展地方税源的方式缓解财政压力。这也许源于省级政府与地市政府在政治层级上更为靠近，地市官员的晋升概率更多受到省级政府影响而更愿意做大地方经济、争取晋升优势。

（4）考虑强度指标的内生性。我们以改革前年份（1998—2000 年）不同城市“所得税收入占总税收收入”的比重均值来刻画不同城市受到所得税分享改革政策冲击的大小。但是，该强度指标可能受到不同地区经济社会特征的影响。如果我们没有控制可能引起强度指标变动的其他指标，那么估计结果可能会有“遗漏变量”导致的估计偏误。为此，我们采用了两种办法进行处理。一是，我们在基准回归模型中加入了一系列可能影响强度指标的宏观控制变量，它们包括人均 GDP、储蓄率、固定资产投资率和地方产业结构。二是，我们在控制宏观控制变量的基础上，再进一步控制省份乘以时间固定效应，以排除省级宏观不可观测特征在不同年份可能对公司实际税率造成的冲击，结果见表 6－5。

表 6－5　　　　强度指标的内生性检验

变量	营业税税率	所得税税率	营业税税率	所得税税率
所得税占比强度 × 改革时间	0.0089* (1.88)	−0.1190 (−1.05)	0.0117* (1.66)	−0.0064 (−0.04)
常数	0.097*** (5.52)	0.4207 (0.11)	0.0635 (0.41)	0.4330 (0.12)
宏观经济变量	是	是	是	是
省份与时间交乘项	无	无	是	是
其他控制变量	是	是	是	是
企业固定效应	是	是	是	是
年份固定效应	是	是	是	是
R^2 值	0.0831	0.0154	0.1303	0.0704
F 值	39.50***	6.88***	4.54***	2.32***
观测样本	14431	14582	14431	14582

注：括号中汇报的是 T 值；***，** 和 * 分别代表在 1%，5% 和 10% 的水平上显著。

检验结果表明，当我们控制了一系列其他变量后，所得税分享改革导致的财政压力促使了地方政府降低了对公司营业税的庇护，公司的营业税税率有明显的上升，但是所得税税率变化不显著。从系数大小变化进行判断，在控制了其他宏观变量后，倍差项的系数大小有一定程度的下降。这说明，在排除了遗漏变量可能导致的估计偏误后，地方财政压力对公司营业税税率的影响程度有所降低；当然，这并不影响我们的基本结论。

（5）安慰剂测试。反事实假设中，我们设定所得税分享改革发生在2000年。如果是地方财政压力导致了公司实际税率的变化；在安慰剂检验中，估计系数应该不再显著。表6－6中模型1和模型2是所得税分享改革对公司营业税实际税率的影响，模型3和模型4是分税改革对公司所得税实际税率的影响。

表6－6　安慰剂测试

变量	模型1	模型2	模型3	模型4
所得税占比强度×改革时间	－0.001 （－0.33）	－0.005 （－1.29）	0.042 （0.25）	0.029 （0.17）
常数	0.014*** （22.47）	0.001 （0.14）	0.069*** （2.84）	0.180 （0.51）
其他控制变量	否	是	否	是
企业固定效应	是	是	是	是
年份固定效应	是	是	是	是
R^2值	0.0034	0.0199	0.0086	0.0240
F值	1.25	3.66***	3.27***	4.45***
观测样本	3304	3259	3388	3336

注：括号中汇报的是T值；***，**和*分别代表在1%，5%和10%的水平上显著。

安慰剂检验发现，假定所得税分享改革时间为2000年，核心变量的估计系数全部不显著。由此可以做出判断，上市公司实际税率的变化确实是所得税分享改革导致财政压力变化的结果。

（二）稳健性检验

（1）考虑公司“总－分”组织结构。由于上市公司数据采用的是合并财务报表，而上市公司普遍存在总公司和分公司不在同一城市的内部组织结构，子公司的经济业务可能受到子公司所在地财政压力变化的影响。如果是分公司所在地受到较大的财政压力冲击，那么改革后分公司所在地政府更多地减少税收庇护，则系数有可能是高估的。如果分公司所在地对所得税依赖程度小，改革后分公司所在地政府并不会显著改变税收庇护，则系数可能是接近真实值或者是偏低的。相对而言，系数高估偏误更受到关注。

我们选取了公司机构注册所在地所得税依赖程度前10%和后10%的样本分别进行回归。当总公司位于受财政压力冲击高的地区，由于其分公司更有可能处于受财政压力冲击相对偏低的地市，回归系数可能是偏下而非偏上的。当总公司位于受财政压力冲击比较小的地区，由于分公司所在地受财政压力冲击可能较高，则估计系数可能是偏高的。

表6－7中，模型1和模型2是利用受财政压力冲击强度前10%的样本，分别检验公司营业税实际税率和所得税实际税率变化的回归结果。模型3和模型4是利用受财政压力冲击强度后10%的样本，分别检验对公司营业税实际税率和所得税实际税率变化的结果。

表6－7　　考虑上市公司母、子公司不在同一地市

变量	模型1	模型2	模型3	模型4
所得税占比强度×改革时间	0.077*** (5.68)	－0.047 (－0.41)	－0.028 (－1.43)	0.031 (0.05)
常数	0.097*** (5.52)	1.025** (2.28)	0.026*** (2.69)	0.085 (0.31)
其他控制变量	是	是	是	是
企业固定效应	是	是	是	是
年份固定效应	是	是	是	是
R^2值	0.096	0.0117	0.1352	0.0277
F值	19.93***	2.27***	9.22***	1.70***
观测样本	5312	5370	1646	1659

注：括号中汇报的是T值；***，**和*分别代表在1%，5%和10%的水平上显著。

使用公司注册所在地受财政压力冲击前10%的样本进行回归，财政压力对公司实际营业税税率的影响显著为正，说明即便在估计系数存在向下偏误的影响下，基本结论仍然成立。使用公司注册所在地受财政压力冲击后10%的样本进行回归，地方财政压力对公司营业税实际税率影响为负，剔除系数高估的影响后，负向效应可能更加显著。这说明，受财政压力冲击较小的地区，地方政府不会降低对公司的税收庇护，企业避税程度没有显著变化。而无论使用哪一分位样本，地方财政压力对公司所得税实际税率的影响均不显著。使用前 20% 和后 20% 分位的样本回归得到的结果同样稳健。分样本回归结果表明，考虑上市公司的总分结构，结论也是稳健的。

（2）注册地与公司总部所在地不一致。进一步考虑样本中上市公司的注册地和实际总部所在地不一致的情况，这会导致上市公司匹配的地方政府财政压力发生偏差，这里剔除了注册地和实际总部所在地不一致的上市公司样本。模型 1 和模型 2 是地方财政压力对公司营业税税率的影响，模型 3 和模型 4 是地方财政压力对公司所得税税率的影响。

表 6－8 的回归结果表明，所得税改革交乘项对公司营业税实际税率的影响均显著为正，对所得税实际税率的影响不显著。经济意义上，所得税分享改革对上市公司营业税税率的影响系数从 0.2% 上升到 0.3%。这说明剔除了财政压力匹配存在偏差的样本后，地方政府对上市公司营业税类庇护下降程度更大、企业避税程度下降更为显著。

表 6－8　　考虑公司注册地与实际总部所在地不一致

变量	模型 1	模型 2	模型 3	模型 4
所得税占比强度×改革时间	0.030*** (6.35)	0.030*** (3.10)	0.069 (0.61)	0.004 (0.03)
常数	0.005 (0.03)	0.070 (0.45)	0.348 (1.09)	0.380 (0.10)
其他控制变量	否	控制	否	控制
企业固定效应	控制	控制	控制	控制
时间固定效应	控制	控制	控制	控制
R^2 值	0.0352	0.031	0.0035	0.0119
F 值	25.46***	37.38***	2.46***	5.71***
观测样本	13530	13380	13739	13524

注：括号中汇报的是 T 值；***，** 和 * 分别代表在 1%，5% 和 10% 的水平上显著。

（3）区分企业所有权属性。这里，我们将上市公司区分为中央控股和地方控股两类企业分别进行回归。从营业税征管权限上看，国有控股上市公司（国家控股超过 50%，金融、保险企业除外）和地方上市公司的营业税都属地方政府税务机关征管范围。由于改革前后营业税征管机构没有发生变化，估计结果不受税收征管独立性因素的影响。也就是说，如果两类群组核心变量的估计系数仍显著为正，则可以证明是地方财政压力的变化（而非征管因素）导致了企业避税行为的变化。

从所得税征管权限上看，分税改革前，中央控股上市公司所得税收入征管权归属国家税务机构，地方上市公司所得税收入征管权归属地方税务机构。分税改革后，新增地方上市公司所得税收入征管权限归属国家税务机构。因此，国有控股上市公司所得税率的变化能够更加准确地反映地方财政压力对企业避税的真实影响。地方上市公司所得税率的变化则可能是地方财政压力和征管独立性双重变化的结果。

表6－9中模型1和模型2是所得税分享改革对中央控股上市公司（金融、保险企业除外，下同）营业税实际税率的影响，模型3和模型4是所得税分享改革对中央控股上市公司所得税实际税率的影响。模型5和模型6是所得税分享改革对地方上市公司营业税实际税率的影响，模型7和模型8是所得税分享改革对地方上市公司所得税实际税率的影响。

表6－9　　　　区分企业所有权归属

变量	模型1	模型2	模型3	模型4	模型5	模型6	模型7	模型8
所得税占比强度×改革时间	0.107*** (8.58)	0.059*** (4.85)	0.139 (0.88)	0.074 (0.45)	0.009* (1.82)	0.001 (0.11)	0.060 (0.51)	0.013 (0.19)
常数	0.007*** (2.84)	0.1205*** (5.14)	0.709 (1.04)	0.320 (1.00)	0.002 (0.01)	0.055 (0.36)	0.329 (0.09)	0.413 (0.11)
其他控制变量	否	是	否	是	否	是	否	是
企业固定效应	是	是	是	是	是	是	是	是
年份固定效应	是	是	是	是	是	是	是	是
R^2值	0.1211	0.2754	0.0245	0.0493	0.0294	0.0624	0.0036	0.0132
F值	10.44***	19.07***	1.94**	2.65***	20.62***	30.34***	2.52***	6.14***
观测样本	1337	1337	1361	1361	13248	13082	13438	13208

注：括号中汇报的是T值；***，**和*分别代表在1%，5%和10%的水平上显著。

从结果来看，无论是国有控股上市公司还是地方上市公司，在所得税分享改革后，公司实际营业税税率都显著上升。由于两类公司在营业税税收征管主体上不存在差异，说明地方财政压力确实不利于企业避税。进一步地，我们发现，在经济系数上，国有控股上市公司的营业税实际税率上升程度更大。这说明受财政压力冲击的地方政府对国有控股上市公司的税收庇护意愿更低。而无论是否考虑征管独立性因素，受财政压力冲击的影响，中央控股公司和地方上市公司的所得税税率均无显著变化，这与基础结论的分析是一致的。

（4）分行业群组回归。上市公司分属不同行业，主要包括金融业、房地产业、工业、商业和公用事业。其中，主属营业税体系的房地产业、金融业、公用事业占总样本数的19%，我们将其归为第一类。主属增值税体系的工业和商业占到总样本的近80%，将其归为第二类。由于不同行业对地方高税税种——营业税的贡献度存在差异，地方政府对不同行业上市公司的税收庇护偏好也可能存在差异。表6－10中模型1和模型2是使用第一类群组样本，检验地方财政压力对营业税实际税率和所得税实际税率影响的结果；模型3和模型4是使用第二类群组样本，检验地方财政压力对营业税实际税率和所得税实际税率影响的结果。

表6－10　　　　分行业回归结果

变量	模型1	模型2	模型3	模型4
所得税占比强度×改革时间	0.033*** (2.53)	-0.090 (-0.42)	0.001 (0.13)	0.004 (0.03)
常数	0.100*** (4.09)	0.202 (0.49)	0.011 (0.09)	0.331 (0.09)
其他控制变量	是	是	是	是
企业固定效应	是	是	是	是
年份固定效应	是	是	是	是
R^2值	0.3838	0.0270	0.0109	0.0136
F值	52.96***	2.38***	4.46***	5.67***
观测样本	2330	2361	11604	11718

注：括号中汇报的是T值；***，**和*分别代表在1%，5%和10%的水平上显著。

从检验结果来看，对主属营业税体系的行业，地方财政压力显著降低了来自地方政府的税收庇护，其营业税实际税率显著提高。而对主属增值税体系的行业而言，地方财政压力下政府税收庇护行为变化不明显，公司营业税实际税率无显著变化。地方财政压力对所有类型行业上市公司的所得税实际税率的影响都不显著。研究结论显示，地方税主源行业受到地方政府的税收庇护应该更多。因此，当财政压力增大后，地方政府优先降低了地方税主源行业营业税的税收庇护，该类公司的实际税率受地方财政压力冲击效应最大。

（5）同时期其他改革影响。在样本年份内，还存在着其他可能增加地方财政压力的同时期改革。在我们的研究中，我们重点考虑以下三项改革：第一，农业税改革。由于农业税改革是2004年开始启动的，为排除农业税改革的影响，我们仅保留样本年份在1997—2003年的企业进行回归。第二，我们再考虑增值税转型改革。增值税转型改革是2004年开始在东北三省进行试点的，2007年扩大到中部六个省份，2008年扩大到内蒙古自治区，2009年改革扩大到全国。为剔除增值税转型改革的影响，我们将回归样本缩短至1997—2006年，且剔除了东北三省所在地的企业进行回归。第三，我们考虑“两税合并”的影响。An（2012）的研究发现，“两税合并”主要是提高了外资企业的实际所得税税率，内资企业的实际所得税税率保持不变。由于我国有超过90%的外资企业集中在东部沿海省份，因此“两税合并”改革可能减少了东部地区来自外资企业的所得税收入，增加了东部地市的地方财政压力。我们设定东部省份为1，其余省份为0，并将这一虚变量与“两税合并”的政策时间虚变量（D_2007）进行交乘，纳入回归模型进行控制。另外，“两税合并”改革也会直接导致地方政府的税收分成激励和公司的征管机构发生一定程度的变化。因此，我们也采用了仅保留1997—2007年公司样本的方法，以避免“两税合并”改革可能对基本结果造成的影响，回归结果如表6－11所示。

表6－11　　　　　　排除同时期其他改革影响

变量	农业税改革		增值税转型改革		两税合并—1		两税合并—2	
	营业税税率	所得税税率	营业税税率	所得税税率	营业税税率	所得税税率	营业税税率	所得税税率
所得税占比强度×改革时间	0.0114*** (3.44)	－0.2012 (－1.32)	0.0085*** (2.94)	－0.0316 (－0.29)	0.0108** (2.40)	0.0087 (0.08)	0.009*** (2.93)	－0.0347 (－0.35)
常数	0.0019 (0.27)	0.0521 (0.16)	0.0221*** (8.99)	0.1674** (2.32)	0.0643 (0.42)	0.384 (0.10)	0.0248*** (9.50)	0.1657** (2.48)
其他控制变量	是	是	是	是	是	是	是	是
企业固定效应	是	是	是	是	是	是	是	是

续表

变量	农业税改革		增值税转型改革		两税合并—1		两税合并—2	
	营业税税率	所得税税率	营业税税率	所得税税率	营业税税率	所得税税率	营业税税率	所得税税率
年份固定效应	是	是	是	是	是	是	是	是
R^2值	0.0182	0.0138	0.0251	0.0154	0.0774	0.0132	0.0363	0.0181
F 值	3.97***	3.07***	7.92***	4.92***	40.77***	6.59***	12.76***	6.36***
观测样本	3994	4083	6487	6619	14431	14582	7465	7597

注：括号中汇报的是 T 值；***，** 和 * 分别代表在 1%，5% 和 10% 的水平上显著。

从回归结果我们看到，当我们排除同时期其他改革的影响后，所得税分享改革导致的地方财政压力仍然致使地方政府显著降低了对公司营业税的税收庇护，但上市公司的企业所得税税率变化不大。此外，在所有的营业税税率估计模型中，我们得到的估计系数值比基础回归的系数值有比较明显的下降，这说明基准回归结果确实在一定程度上捕获了同时期其他财税政策改革对公司税收庇护的效应。但总的来说，当我们剔除掉其他同时期改革可能造成的影响时，基本结论保持不变。

（6）剔除征管效率的干扰。所得税分享改革对公司实际税率的影响包含了两种重要效应：一种是由于中央政府分享更多的所得税收入造成的财政压力效应；另一种是企业所得税征管机构分置导致的征管效率提高。为了控制征管效率可能对估计结果产生的影响，我们删除了企业成立时间在 2002 年之后的相关样本，剩余样本的所得税征管机构在样本年份内没有发生变化，回归结果很少受到征管效率的干扰，回归结果见表 6－12。

表 6－12　剔除征管效率的干扰

变量	保留 2001 年之前设立的企业			
	营业税税率	所得税税率	营业税税率	所得税税率
所得税占比强度×改革时间	0.0122** (2.36)	0.0017 (0.01)	0.0115** (1.98)	−0.0147 (−0.11)
常数	0.0397*** (8.95)	0.1553* (1.85)	0.0367*** (7.79)	0.1443 (1.59)

续表

变量	保留2001年之前设立的企业			
	营业税税率	所得税税率	营业税税率	所得税税率
省级政府营业税及所得税分税比例	无	无	控制	控制
其他控制变量	控制	控制	控制	控制
企业固定效应	控制	控制	控制	控制
年份固定效应	控制	控制	控制	控制
R^2值	0.0852	0.0181	0.0870	0.0146
F值	34.49***	6.36***	13.6***	4.72***
观测样本	9594	9709	9230	9332

注：括号中汇报的是T值；***，**和*分别代表在1%，5%和10%的水平上显著。

结果显示，当我们只保留2001年之前设立的企业时，也即排除征管效率可能对估计结果产生的影响后，基本结论保持不变。在所得税分享改革后，受到财政压力冲击更大的地市显著地提高了营业税税率，而所得税税率变化不显著；此外，这一结论不受"是否控制省级政府营业税及所得税分税比例"的影响。

（三）机制检验

如果所得税分享改革缩紧了地方政府财政收入，加大了地方财政压力，从而迫使地方政府减少对上市公司的税收庇护；那么，当所得税收入损失被其他来源的政府收入弥补时，所得税分享改革对公司实际税率的影响程度应该下降。从这一角度出发，本章拟从财政转移支付、土地财政收入等角度来验证地方财政压力对企业实际税率影响的作用机制。

（1）财政转移支付与税收庇护。财政转移支付的净流入地相对于财政转移支付净流出地，地方财政压力的影响程度应该更加不显著。借鉴既有研究的划分标准，我们将样本所在地划分为财政转移支付净流出、净流入和相对平衡区①。实证结果发现，在转移支付净流出地，所得税分享改革后公司营业税实际税率显著提高。而在财政转移支付净流入和财政转移支付均衡区，税收庇护变

① 根据贾晓俊和岳希明（2012）的研究结论，中国一般性转移性支付存在明显的规律：第一类，北京、天津、上海、江苏、浙江、广东、辽宁、福建、山东9个省份在改革前后没有（或很少）接收均衡性一般转移支付，该类省份我们将其看作转移支付的净流出地；第二类，内蒙古、青海、新疆、吉林、宁夏、山西、黑龙江、陕西、甘肃等地人均财政收入较高却获得了更多的一般性财政转移支付，该类省份我们将其看作是转移支付的净流入地；第三类，其余省份划分为财政转移支付均衡地。鉴于篇幅限制，机制检验所有的回归表格没有呈现，如有需要，读者可以直接向作者索取。

化程度并不明显，财政转移支付均衡区地方政府甚至提高了对公司税收庇护、公司的实际税率出现下降。

所得税实际税率变动方面，在转移支付净流出地，地方政府在所得税分享改革后提高了所得税类的庇护程度①；在转移支付净流入和均衡区，地方财政压力对公司所得税实际税率影响不显著。

（2）土地财政收入与税收庇护。所得税分享改革后，土地财政收入作为地方政府预算外收入，逐步成为地方政府可支配财力的重要来源。因此，在土地财政收入相对充裕的地区，地方政府对减少企业税收庇护的意愿应该更弱。我们在基础模型中加入强度双重差分指标与土地财政收入的三重交乘项，并预期三重交乘项系数为负。

回归结果表明，在营业税实际税率模型中，三重交乘系数显著为负，说明土地财政收入高、地方财政压力得到缓解的地区，地方政府降低营业税税收庇护的意愿越小，企业更有可能进行避税。在所得税实际税率模型中，土地财政收入越高、财政压力越小的地区，企业越不容易进行避税，土地财政收入“替代”了税收庇护提高导致的所得税基流失。机制检验的结果也暗示了，在长期内，如果地方政府寻找到其他弹性增收手段弥补所得税分享改革导致的收入损失时，所得税分享改革导致的“财政压力”就会消失。

（3）税收征管效率干扰。所得税分享改革提高了所得税税收的征管独立性，如果所得税征管效率的提高对其他税种的税收征管存在“示范效应”，则估计结果可能受地方财政压力和税收征管效率提高的双重影响。为了排除这一影响，我们仅保留从1997—2012年持续存在的上市公司样本。回归结果表明，剔除了税收征管因素后，结论保持高度一致。所得税分享改革增加地方政府财政压力，进而减弱地方政府税收庇护、提高企业实际税率的机制是成立的。

（四）实证小结

中国分税制度下，地方政府对企业的“援助之手”是广泛存在的，这其中包括对地方企业提供大量的税收庇护，帮助企业进行避税、降低企业的实际税负。然而，为了维系政府与企业之间的“避税合作”，地方政府的税收庇护容易诱导寻租行为，削弱减税对企业生产的正向激励作用。

在这一章节中，我们重点检验了地方财政压力对企业实际税率的影响。具

---

① 这一结果并不稳健，当我们控制了时间与省份效应的交乘项，或者是控制了宏观层面变量时，所得税分享改革对公司所得税实际税率就不显著了。

体地，我们构造了一个“中央—地方政府”分税格局的理论框架，区分所得税（中央主导税）和销售税（地方专享税）两种属性不同的税种，并内生刻画了地方财政压力的决定过程。在这一设定基础上，我们探讨了地方财政压力下的最优税率结构问题。理论分析显示，在均衡增长路径下，地方财政压力不会对中央收入分享为主的所得税实际税率产生影响；但是，财政压力会导致地方专享税的销售税实际税率的提高。进一步地，我们借助中国2002年所得税分享改革构建了地方财政压力的强度双重差分模型，实证研究发现，在地方财政压力的短期冲击下，地方政府显著降低了对自身分成比例高的营业税的庇护，而对自身分成比例低的企业所得税庇护变化不明显。

本章的研究不仅提供了中国分税制度对企业实际税率变动的新的影响机制，同时也证实了地方政府会根据预算条件策略性改变税收庇护行为，增加企业承担的隐性减税成本。研究结论还有一种启示，如果地方政府对财政压力感知明显，则其对减税政策的执行力度可能会被弱化。若要有效实施减税政策，中央政府需要制定相应的预防机制避免财政压力对地方政府执行减税政策的阻碍。

第七章　地方官员特征与地方经济增长

一、地方官员特征影响地方经济增长的基础理论

（一）研究背景

在中国的经济发展中，地方官员通常被认为在经济发展中扮演着重要角色，他们在推动经济体制改革、招商引资、发展民营经济、改善地方基础设施、区域经济合作等方面都发挥了重要作用（周黎安，2007）。而分属城市党政"一把手"的市委书记和市长各自的角色定位、分工与协作，可能关系到城市能否健康发展。那么，"搭班"领导间的专业背景组合会如何影响城市经济发展？城市"高级管理层"的知识背景多样性是有利于还是不利于地方经济增长？这一主题的研究，对于加深理解地方政府官员对城市发展的作用具有积极意义。

现有文献关注地方领导人特征对经济增长影响更多侧重于单一官员属性（市长特征或市委书记特征）；而在中国党委、行政双主体领导下，探讨市委书记和市长交叉性特征的影响同样值得关注。因此，从这方面而言，这一研究为地区层面的管理者互动关联研究提供了一个很好的研究基础。与此同时，我们选取"专业背景"这一官员特征切入，探讨市委书记和市长的专业搭配状况对经济发展的影响。因为通常而言，专业背景能够有效地反映个体人力资本及知识结构，并对个体的思维方式和决策产生重要影响。这一研究也有助于我们从"公共管理"的角度探讨如何通过优化公共管理的方式来促进地方经济增长绩效。

我们的研究也将对现有两支主流文献的观点做出补充性验证。一是，"异质性劳动技能互补"论。这一支文献认为，具有不同劳动技能特征的个体能够发挥技能互补的作用，提高地区劳动生产率（Sparber，2009；Ottaviano and Peri，2012）。因此，从这方面来讲，具有异质性专业背景的市委书记/市长搭配显然

能够更好地发挥“技能互补”的功能，从而促进地区经济发展。二是，“管理层认知冲突”论。这支文献则认为，背景差异迥异的管理团队将导致组织内部逐渐群体化，并且存在群体间排斥。因此，管理团队作为组织重要决策群体，其内部异质性程度过高会降低组织整体的协作效应，对组织整体产出绩效产生负面影响（Eisenhardt and Schoonhoven，1990；Blatt，2009）。那么就这一理论看来，市委书记/市长不同的专业背景将导致思维和决策上的“认知冲突”，而这可能不利于地区经济发展。

这一章节中，我们的研究目标是探讨在中国的地方经济发展中，市委书记和市长的异质性专业搭配发挥着一种“技能互补”功能还是导致了管理者“认知冲突”？为了实现这一研究目标，我们基于2000—2010年中国地市一级市委书记和市长的教育专业背景、履历特征数据构建了城市管理层专业背景匹配指标，使用校准后的中国城市夜间灯光数据度量经济发展绩效，对研究假设进行了论证。

（二）地方官员特征影响地方经济增长的基础理论

（1）官员个人特征对地区经济发展的影响。事实上，领导人在经济发展中的作用已经被大量研究证实。Jones和Olken（2005）基于全球130个经济体1945—2000年国家领导人更替数据，研究发现国家领导人质量对经济增长具有显著的正向作用。Hodler和Raschky（2014）基于来自126个国家的38427个地区数据分析发现，国家现任领导人出生地的地区夜间灯光亮度更强，表明领导人的地区经济偏袒效应在世界范围内是普遍存在的。

国内学者则侧重于研究官员特征对地方经济增长的影响。一是官员籍贯、任职经历等特征的对地方的经济效应。王贤彬、徐现祥（2008）从官员的来源和去向角度来研究官员对经济增长的作用，发现不同类型的省长、省委书记的经济增长绩效显著不同。张平等（2012）将1985—2007年中央官员的来源按籍贯与工作经历进行了划分，发现中央官员对其籍贯来源省区的经济增长有显著的促进作用，对其曾工作过的省区经济增长的影响则并不显著，并且这一促进作用主要是通过提高其籍贯来源地的投资率来实现的。二是研究官员任期、晋升动机等对发展经济的内在激励效应。周黎安（2004、2007）建立了地方官员的晋升锦标赛模型，并指出中国利用人事权激励地方官员促进地方经济发展，从而晋升激励成为地方官员致力于辖区经济发展的重要驱动力。罗党论等（2015）也支持了这一观点，他们研究发现官员在任期内的相对经济增速与其晋升显著正相关，而前任官员经济绩效被视为当期官员的“标杆”。

（2）异质性劳动技能的经济效应。不少国内外研究者证实，不同技能的劳动力之间存在潜在的互补效应。Giannetti（2003）研究指出，一般而言，就业于同一区域的劳动力之间的技能是相互补充的，劳动力之间的异质性是技能互补性存在的原因，这种异质性主要体现在劳动力技能水平上的差异。Bombardini 等（2012）基于国际成人读写能力调查（IALS）微观数据分析指出，国家之间劳动者技能存在实质性差异。而 Gibbons 等（2005）也实证检验了不同行业间及不同职业上按照工人比较优势来配置劳动的对生产效率的重要性。

与此同时，大量研究检验了劳动力多样性对经济绩效的影响。理论研究发现，员工的多样性将有助于提升企业经营绩效，因为员工多样性有利于提升决策制定的合理性（Hong and Page，2001）、创造新的解决问题的思路并实现知识共享（Berliant and Fujita，2008）。在实证研究方面，关于劳动多样性对于经济绩效影响的研究并不多，现有的经验证据主要关注了劳动力多样性对企业生产管理的影响。这些研究涉及了特定企业内的案例研究（Hamilton et al.，2003）以及员工/雇主特征的匹配分析（Fox and Smeets，2011；Parrotta et al.，2014）。此外，从现有劳动异质性的经济效应相关研究来看，不论是在企业还是宏观层面的研究，大多聚焦于特定个体特征：员工技术异质性（Hamilton et al.，2003；Iranzo et al.，2008）、个体年龄和种族多样性（Sparber，2009；Ottaviano and Peri，2012）、受教育水平多样性（Marino et al.，2016）等，而其他特征方面关注较少。

国内针对该问题的直接研究依然不多见，同时更多集中于探讨劳动异质性的社会影响。敖荣军（2007）指出技能互补性可能源于工作任务的互补性，由于不同工人的工作内容是互补的，其中任何一项工作的缺失都将降低整个团队的生产效率。刘宁和贾俊生（2012）基于中国 62 家高科技企业的 71 个研发团队的调查数据研究发现，研发团队的社会属性多元性对知识分享、创新绩效具有消极的影响，而信息多元性对知识分享、创新绩效具有积极的影响，价值观多元性的影响作用不显著。

（3）管理层多样性对组织绩效的影响。自 Hambrick 和 Mason（1984）提出“高层梯队理论”以来，高管团队成员人口特征多样性对公司绩效的影响日益受到学者们的关注，这种研究覆盖了性别多样性（如 Pazy and Oron，2001）、年龄多样性（如 Bunderson and Sutcliffe，2002）、来源国别多样性（Earley and Mosakowski，2000）、技能多样性（如 Tjosvold et al.，2003）等。尽管这方面的研究文献较多，但是研究结论不尽相同（Cannella et al.，2008）。

社会类化理论的相关研究认为，具有相同特征的劳动者会产生社会认同并组成内部非正式组织，这将导致组织内部逐渐群体化且产生群体间排斥。因此，管理团队作为组织重要决策群体，其内部异质性程度过高会降低组织整体的协作效应，对组织整体产出绩效产生负面影响（Eisenhardt and Schoonhoven，1990；Blatt，2009）。在国内研究方面，何威风和刘启亮（2010）研究分析发现，高管团队与董事长性别、年龄差异对企业会计差错性财务重述显著正相关。

而信息决策理论则指出，团队异质性提升了组织整体的信息互补性，以及提高组织整体创新能力及例外性任务的解决能力（Simons et al.，1999；Carpenter，2002）。大量研究也支持了高管团队异质性有益于企业绩效的观点。Smith 等（1994）从工作和行业经验、教育水平和职能背景等方面度量了企业高管团队异质性，并证实其与企业经营绩效正相关。Tihanyi 等（2000）的研究则进一步细化了团队教育背景多样性，他们在根据高管团队的专业背景和教育水平进行分类的基础上，分析发现教育专业异质性越大的团队能够更有效控制企业在国际市场竞争中的风险和不确定性，并更适合带领企业进入新的国外市场。国内研究方面，魏立群和王智慧（2002）基于我国上市公司数据研究发现，高管团队平均年龄越大则公司绩效越好，但是其他团队多样性特征影响不显著。同时张建君和张闫龙（2016）研究也发现，上市公司董事长和总经理之间的异质性对组织绩效具有正向促进作用。

（三）地方官员特征影响地方经济增长的实证思路

通过以上理论分析不难发现，既有研究多关注于单一官员属性特征，而在中国地方政府党委、行政双领导主体下，市委书记和市长交叉性特征也可能对经济增长产生作用。而在微观层面，“劳动者技能互补”和“管理层认知冲突”对我们的研究主题有一定的借鉴，因为在某种程度上，它们提供了评估管理层专业背景差异效应的基础性理论。

相对于上述研究而言，在这一章节中，我们将聚焦于中国“市委书记－市长”这一核心地方领导组织的专业背景，在地区层面来检验城市核心管理层多样性的经济产出效应。我们的研究将对现有更多侧重于微观企业高管团队的研究形成补充，并提供宏观层面新的经验证据支持。

具体来说，本章我们的主要工作是：（1）在城市层面检验了异质性官员搭配的经济效应，将微观层面的领导团队特征研究向宏观层面拓展；（2）首次考察了中国地方经济发展中，市委书记—市长搭档专业背景在中间的作用，这对进一步拓展理解中国经济发展的动因提供了新的视角；（3）补充了“异质性劳动技能互补”和“管理层多样性认知冲突”等研究文献，并提供了城市层面新的经验证据。

二、地方官员特征对地方经济增长影响的评估方法

（一）实证分析的制度背景

在中国城市一级的政府公共治理中，党委和政府都扮演着十分重要的角色。而分属地方党政“一把手”的市委书记和市长之间的分工与协作，是城市发展的重要基础和保证。

根据《中国共产党地方委员会工作条例》的规定，党的地方委员会在本地区发挥总揽全局、协调各方的领导核心作用，对本地区经济建设、政治建设、文化建设、社会建设、生态文明建设实行全面领导。同时强调地方党委应支持和保证政府依法依章程独立负责、协调一致地开展工作。而在《中华人民共和国地方各级人民代表大会和地方各级人民政府组织法》中则明确指出，地方人民政府领导所属各工作部门和下级人民政府的工作，同时执行国民经济和社会发展计划、预算，管理本行政区域内的经济、教育、科学、文化、卫生、体育事业、环境和资源保护、城乡建设事业和财政、民政、公安、民族事务、司法行政、监察、计划生育等行政工作。因此从法律文件上来看，城市党委与政府的各自职责定位有区别：党委是领导核心，政府是行政机关和人大的执行机关。但是实践中，城市市委书记和市长的权责边界时常存在重叠与交叉。与此同时，在上级政府政绩考核评价时，党委和政府一般同时作为地方的“第一责任人”；共同的政绩目标也要求市委书记和市长之间相互协作。可见，城市市委书记和市长在法律文本划定的权责范围内分工履职、各负其责的同时，公共治理实践中又会存在权力交叉和重叠；同时共同的政绩考核目标又决定了两者需要有效协作。

因此，具有不同专业背景的党政领导组合，可能带来技能分工、优势互补的积极效应，并促进城市经济发展。这一正面作用的内在机理在于，领导搭档发挥一种异质性劳动技能搭配的功效，各自从不可被替代的专业视角为城市发

展作出贡献，甚至起到一种“一加一大于二”的效果。与此同时，不同专业背景的“市委书记-市长”组合，也可能由于思维结构不同而导致认知冲突，从而抑制城市的发展。导致这一消极效应的影响机制在于，专业背景的差异可能带来官员在处事思路、方式等诸多方面的认知差别，进而诱发党政领导之间的冲突和对抗，甚至产生相互掣肘思维。在党委书记“全面领导”和“第一责任人”，而资金、工程等绝大部分具体事务都属于政府职权范围的制度设计下，上述这两种潜在的影响渠道都可能存在。而在中国地方经济发展中，究竟哪一种机制发挥着更加重要的效应，这一问题有待进一步实证检验。

（二）计量模型

为了检验官员专业背景搭配对城市经济发展的影响，我们设定如下回归方程：

$$Perfor_{it} = \alpha + \beta \times Major_i \times Year_t + \gamma Control_{it} + \varphi_i + \lambda_t + u_{it} \tag{7-1}$$

其中：$Perfor_{it}$是城市 i 在第 t 年的城市经济绩效；$Major_i$代表城市 i 的该组搭档官员（市委书记和市长）专业背景搭配情况，即：该市委书记和市长本科专业背景属于特定类别组合，则赋值为 1；否则取值为 0[①]。我们具体考察了官员本科专业的文理专业搭配、人文和社科专业搭配、理工和农医专业搭配，以及细分专业的专业组合。$Year_t$是该组市委书记/市长搭档任职的年限，即：搭档第一年取值为 1，第二年和第三年分别取值为 2 和 3，之后以此类推。这里的 β 将是我们关注的重点。$Control_{it}$为一系列控制变量，在本章的研究中，具体包括了城市层面经济变量、市委书记和市长个人特征变量、基期城市经济禀赋的长期影响等，同时考虑到官员成长环境等非观测性因素也会影响到其人力资本积累和能力提升等，我们进一步控制了官员籍贯地省份效应。φ_i和λ_t分别为城市层面和年份上的固定效应；μ_{it}为随机误差项。

（三）指标构建

为了对方程中各参数进行估计，模型中各指标设定进一步说明如下：

（1）城市经济绩效。近年来，地区灯光强度被作为度量地区经济发展的有

---

① 本章之所以侧重于从本科阶段专业来关注官员的专业背景，主要基于以下三点：首先，考虑到本科专业学习对于个体行为决策、思维方式等方面的影响相对于后续阶段更强，同时也是后续研究生教育的知识储备基础；其次，从中国市委书记-市长的受教育背景来看，绝大部分都接受了相对比较正规的本科（或专科）教育，而受过研究生教育的官员也更多通过党校培训或在职教育方式获得，因此，我们进一步控制了是否有党校经历、是否有诸如经济师、工程师等专业技能的方式来控制这些因素；最后，考虑到官员任职履历信息中专业内容可获性，相对而言官员本科专业信息公开状况也更加完整。

效指标（Henderson et al.，2012；Hodler and Raschky，2014；卢盛峰等，2017）。本章基于DMSP/OLS获取的夜间灯光影像，提取2000—2012年中国城市灯光总强度数据，并基于此来度量城市发展状况。但是，长时间序列的DMSP/OLS夜间灯光影像数据集在校正过程中需要解决两个难题：第一，原始影像数据集中的影像是非连续性的；第二，影像中表征灯光强度的像元亮度值存在饱和现象。针对这些问题，本章基于不变目标区域法的影像校正方法，对提取出来的每一期区域夜间灯光影像进行校正①。经过校正之后，我们对1992—2012年夜间灯光影像校正思路的合理性进行了后验检验。校正前后中国夜间灯光影像与GDP和电力消耗值的分析评价显示，校正后的影像能够更客观地反映区域经济发展差异。

经过校对处理后，中国灯光影像数据在时间上表现出较强的连续性；1997—2012年，地区灯光强度有显著提升（在省级平均值上增长了82.30%），而省际的灯光强度的相对差异略有缩小（变异系数由0.907下降到0.740）。

（2）核心解释变量。官员本科专业背景搭配效应。在本章中，我们将城市任期内的“市委书记－市长”作为一个配对组，考察这一搭档官员的本科专业背景状况；并通过进一步引入其搭配任职年限交互项的方式，考察本科专业背景搭配的经济效应。相对于官员自身的专业特征而言，党政“一把手”专业组合实际上侧重于从不同专业背景官员的互动角度来考察不同类型官员搭配的经济效应。因此，这一研究基于官员专业背景特征，但是所关注的侧重点不同。

具体而言，$Major_i$代表城市i的该组搭档官员（市委书记和市长）本科专业背景搭配情况，即：该市委书记和市长专业背景属于特定类别组合，则赋值为1；否则取值为0。我们具体考察了官员文理专业大类搭配，以及人文和社科专业搭配、理工和农医专业搭配等相关细类专业组合等各种情况。为了考察官员搭档在任期内的经济影响，我们进一步通过$Year_t$来识别该组市委书记和市长搭档任职的年限，即：该名市委书记－市长搭档的第一年取值为1，第二年和第三年分别取值为2和3，之后以此类推。

据此，官员搭档专业背景组合情况同其履职年限的交互项（$Major_i \times Year_t$），实际上刻画了市委书记和市长专业背景搭配的长期经济效应。

（3）控制变量。由于城市经济发展还会受到其他诸多经济特征因素的影响，

① 该方法被广泛用于长时间序列夜间灯光影像数据集的校正处理（Wu et al.，2013；曹子阳等，2015）。影像数据校正的具体思路读者可以向作者索取。

因此在估计方程中我们进一步加入其他相应的控制变量，这些具体包括：城市层面经济变量、市委书记和市长的个人特征因素、城市基期经济禀赋的长期影响等。

城市经济变量主要包括：城市人口密度、人均地区生产总值、城市生产总值增长率、第二产业及第三产业产值比重、固定资产投资比重、消费者零售总额比重、外商直接固定资产投资比重等城市经济特征因素。这些变量分别从人口、经济发展水平以及经济发展的结构特征等方面控制了影响城市经济发展的城市层面因素。

由于官员个人特征也会对地区经济发展产生影响，同时也为了进一步控制其他类型的异质性技能互补效应，我们也进一步控制了城市市委书记和市长的年龄、性别、是否本科以上学历、是否党校毕业、是否经济师、是否工程师、入党年龄、工作年龄、是否有参军经历、是否有共青团任职经历、是否有领导秘书或部门主任任职经历等。同时，为了捕捉官员成长经历阶段其他不可观测性因素的影响，我们进一步在方程中控制了市委书记和市长的籍贯地省份效应。通过控制能够从官员任职简历中挖掘到的异质性信息，我们能够最大限度地降低因为遗漏官员其他技能特征的影响。

为了控制地区初始经济禀赋的长期影响，本章通过引入基期（1997 年，在此之后中国大的行政区划上趋于稳定）城市生产总值与年份的交互项来控制初始经济禀赋对当前经济发展状况的影响。此外，方程中进一步通过城市固定效应和年度固定效应来控制其他非时变、时变性不可观测因素的影响。同时全部金额类指标均进行了消胀处理，确保数值的可比性。

（4）数据描述。本章的研究主要基于 2000—2010 年中国地级城市一级分析数据开展，同时通过匹配城市任职官员信息、中国城市夜间灯光影像信息数据以及经济统计数据来得到。城市灯光强度原始数据来源于 DMSP/OLS 获取的夜间灯光影像。该数据集包括由多个 DMSP 卫星传感器获取的 1992—2012 年共 33 期影像，其中，存在由不同传感器获取的同一年度影像，且其相互之间也存在差异，主要表现为影像中的亮值像元的 DN 值总和不相等，以及影像间相同位置的亮值像元的 DN 值不同。此外，本章所选用的 DMSP/OLS 夜间灯光影像都是一幅全年合成的覆盖全球的灯光影像。因此，主要应用不变目标区域法在现有灯光影像之间相互校正和使用。地区宏观经济统计指标均来源于历年《中国城市统计年鉴》以及《中国区域经济统计年鉴》，少数缺失数据通过地方年鉴补充。

表7－1汇报了本章变量的定义方式及其描述性统计结果。从省际灯光总强度的标准差上不难看出，各地区经济发展水平存在明显差异。在官员团队本科专业搭配背景方面，市委书记和市长文理专业搭配的城市所占比重大概在49.1%，而属于官员人文和社科专业搭档的城市比重为30.6%，这远高于理工和农医专业官员搭档城市的4.1%。与此同时，在官员本科专业背景搭配状况上也呈现出非对称性特点，具体而言，文科市委书记搭档理科市长的城市所占比重略超过20%，而理科市委书记搭配文科市长的城市在全部城市中占比为25.3%；在人文和社科专业官员搭档方面，人文专业市委书记和社科市长搭档的城市所占比重略高于社科市委书记和人文市长搭配城市；在理工和农医专业官员搭档方面，理工专业书记和农学或医学市长搭档的城市所占比重低于农学或医学书记和理工专业市长组合的城市占比。

表7－1　　变量定义及统计性描述

变量	变量定义	平均数	标准差	样本容量
sum	灯光总强度（万）	5.827	5.754	3663
major_wl	官员文理搭配	0.491	0.500	2243
major_wl_sjsz	书记文科＋市长理科	0.209	0.407	2734
major_wl_szsj	书记理科＋市长文科	0.253	0.435	2483
major_rwsk	官员人文＋社科专业搭配	0.306	0.461	2382
major_rwsk_sjsz	书记人文＋市长社科	0.181	0.385	2607
major_rwsk_szsj	书记社科＋市长人文	0.117	0.322	2793
major_lgny	官员理工＋农医专业搭配	0.041	0.199	2820
major_lgny_sjsz	书记理工＋市长农医	0.017	0.129	2971
major_lgny_szsj	书记农医＋市长理工	0.023	0.149	2969
major_rw_sj	书记人文＋市长其他	0.185	0.389	2588
major_sk_sj	书记社科＋市长其他	0.129	0.335	2781
major_sci_sj	书记理工＋市长其他	0.158	0.364	2544
major_agri_sj	书记农业＋市长其他	0.067	0.250	2539
major_medical_sj	书记医学＋市长其他	0.008	0.091	2505
major_rw_sz	市长人文＋书记其他	0.110	0.313	2762
major_sk_sz	市长社科＋书记其他	0.169	0.375	2576
major_sci_sz	市长理工＋书记其他	0.137	0.344	2817

续表

变量	变量定义	平均数	标准差	样本容量
major_agri_sz	市长农业 + 书记其他	0.041	0.198	2820
major_medical_sz	市长医学 + 书记其他	0.005	0.067	2855
major_rwqt	一人人文，其他	0.351	0.477	2229
major_skqt	一人社科，其他	0.356	0.479	2236
major_lgqt	一人理工，其他	0.352	0.478	2237
major_nyqt	一人农业，其他	0.127	0.334	2236
major_yxqt	一人医学，其他	0.015	0.122	2237
sj_age	书记年龄（单位：岁）	51.688	3.776	2831
sj_sex_dum	书记性别（1 为男，0 为女）	0.973	0.162	2865
sj_edu_dum	书记是否本科以上学历（1 为是，0 为否）	0.943	0.231	2717
sj_partysch	书记是否党校毕业（1 为是，0 为否）	0.541	0.498	2615
sj_econ	书记是否经济师（1 为是，0 为否）	0.075	0.264	2531
sj_engin	书记是否工程师（1 为是，0 为否）	0.071	0.256	2536
sj_partyage	书记入党年龄（单位：岁）	28.430	5.186	2545
sj_workage	书记工作年龄（单位：岁）	32.232	4.529	2721
sj_army	书记参军经历（1 为是，0 为否）	0.095	0.293	2785
sj_communist	书记共青团经历（1 为是，0 为否）	0.315	0.464	2761
sj_secretary	书记领导秘书、办公室主任经历（1 为是，0 为否）	0.601	0.490	2789
sz_age	市长年龄（单位：岁）	49.545	4.084	3211
sz_sex_dum	市长性别（1 为男，0 为女）	0.954	0.209	3175
sz_edu_dum	市长是否本科以上学历（1 为是，0 为否）	0.921	0.269	3153
sz_partysch	市长是否党校毕业（1 为是，0 为否）	0.613	0.487	2996
sz_econ	市长是否经济师（1 为是，0 为否）	0.083	0.276	3017
sz_engin	市长是否工程师（1 为是，0 为否）	0.101	0.301	3018
sz_partyage	市长入党年龄（单位：岁）	25.853	5.270	2769
sz_workage	市长工作年龄（单位：岁）	30.028	5.134	3083
sz_army	市长参军经历（1 为是，0 为否）	0.066	0.248	3119
sz_communist	市长共青团经历（1 为是，0 为否）	0.378	0.485	3122
sz_secretary	市长领导秘书、办公室主任经历（1 为是，0 为否）	0.580	0.494	3123
popden	人口密度（万人/每平方公里面积）	0.041	0.037	3098

续表

变量	变量定义	平均数	标准差	样本容量
gdp_inflation	物价消胀处理后的生产总值（亿元）	593.366	747.095	3103
pergdp_inflation	物价消胀处理后的人均生产总值（万元）	1.502	1.347	3102
g_gdp	当年城市生产总值增长率	0.127	0.037	3095
ratio_sgdp	第二产业占地区总产值比重（%）	46.642	11.697	3102
ratio_tgdp	第三产业占地区总产值比重（%）	35.760	7.797	3102
fixinv_gdp	固定资产投资占地区总产值比重	0.453	0.219	3100
consum_gdp	消费者零售总额占地区总产值比重	0.341	0.107	3101
forinv_inv	外商直接固定资产投资占比重	0.008	0.011	2957

三、地方官员特征影响地方经济增长绩效的实证结果

在本部分中，我们的实证思路是：在控制其他因素的基础上，检验城市官员的专业背景组合对城市经济绩效的影响，并检验分析结论的稳健性；同时进一步分析市委书记、市长经济效应的非对称性状况；最后将细分和检验具体的不同专业类别的作用效应。

（一）基准分析结果

（1）官员文理大类专业搭配的经济效应。考虑到文科与理科大类专业的差异，我们首先检验地方市委书记和市长文理大类专业搭配对地方经济发展的影响，并在表7-2中呈现了这一部分的估计结果。模型（1）在控制年份固定效应和城市固定效应后的估计结果。结果显示，市委书记和市长的文理专业背景搭配的估计系数显著为正，这意味着地方领导人专业在文理大类学科搭配将对城市的经济增长具有促进作用。这也表明中国官员不同专业搭档更多地能够发挥一种专业技能互补的效果，并有效地促进地方经济的发展。在模型（2）中，我们进一步引入了城市层面的经济变量，用来控制城市经济特征对经济发展的影响，结果同样显示，市委书记和市长的文理专业搭档有利于促进城市的经济发展；而在其他经济指标方面，人均地区生产总值越高的城市其夜间灯光亮度也更高，而经济增长速度过快以及社会固定资产总投资中更加依赖于外商投资的城市，其城市夜间灯光亮度相对更低。

表 7－2　　市委书记和市长文理大类专业搭配的经济效应

Variables	因变量：城市夜间灯光强度				
	(1)	(2)	(3)	(4)	(5)
major_wl × t	0.0793*** (0.0208)	0.0735*** (0.0191)	0.0917*** (0.0168)	0.104*** (0.0186)	0.0890*** (0.0181)
popden		1.745 (1.773)	−2.302 (1.543)	−5.959*** (2.260)	−10.28*** (2.390)
pergdp		0.633*** (0.0348)	0.362*** (0.0336)	0.314*** (0.0348)	0.248*** (0.0334)
g_gdp		−4.090*** (0.843)	−2.588*** (0.750)	−2.277*** (0.801)	−2.700*** (0.779)
ratio_sgdp		−0.0101 (0.00823)	0.0296*** (0.00741)	0.0459*** (0.00853)	0.0506*** (0.00857)
ratio_tgdp		−0.00603 (0.0103)	0.00990 (0.00913)	0.0207* (0.0107)	0.0305*** (0.0106)
fixinv_gdp		0.0142 (0.190)	0.596*** (0.168)	0.549*** (0.186)	0.762*** (0.184)
consum_gdp		−0.441 (0.310)	−0.366 (0.268)	−0.0587 (0.325)	−0.115 (0.314)
forinv_inv		−22.20*** (3.210)	−3.600 (2.890)	−12.44*** (3.278)	−10.76*** (3.296)
sj_age				−0.0175 (0.0114)	−0.0182 (0.0114)
sj_sex_dum				0.328** (0.147)	0.198 (0.149)
sj_edu_dum				0.0681 (0.115)	0.0447 (0.120)
sj_partysch				0.00970 (0.0537)	0.00914 (0.0533)
sj_econ				−0.143 (0.0906)	−0.178** (0.0896)

续表

Variables	因变量：城市夜间灯光强度				
	(1)	(2)	(3)	(4)	(5)
sj_engin				-0.00505 (0.0941)	-0.0953 (0.0946)
sj_partyage				0.00977* (0.00563)	0.00374 (0.00562)
sj_workage				-0.00380 (0.00866)	0.0107 (0.00897)
sj_army				0.0337 (0.0880)	-0.0166 (0.0914)
sj_communist				-0.132** (0.0560)	-0.00376 (0.0566)
sj_secretary				-0.0125 (0.0495)	-0.155*** (0.0512)
sz_age				0.0368*** (0.0103)	0.0285*** (0.00994)
sz_sex_dum				0.155 (0.106)	0.254** (0.105)
sz_edu_dum				-0.135 (0.106)	-0.172 (0.105)
sz_partysch				0.115** (0.0507)	0.146*** (0.0513)
sz_econ				-0.284*** (0.0835)	-0.278*** (0.0867)
sz_engin				0.243*** (0.0819)	-0.00883 (0.0879)
sz_partyage				-0.00809 (0.00623)	-0.0133** (0.00619)
sz_workage				-0.0165** (0.00760)	-0.0110 (0.00758)

续表

Variables	因变量：城市夜间灯光强度				
	(1)	(2)	(3)	(4)	(5)
sz_army				0.229*** (0.0882)	0.186** (0.0908)
sz_communist				-0.103** (0.0506)	-0.136*** (0.0507)
sz_secretary				0.0392 (0.0473)	-0.0797 (0.0490)
Constant	5.154*** (0.0911)	6.214*** (0.696)	3.804*** (0.623)	2.355** (0.954)	2.371** (0.992)
书记籍贯省份	否	否	否	否	是
市长籍贯省份	否	否	否	否	是
基期 GDP × 年份	否	否	是	是	是
年份效应	是	是	是	是	是
城市效应	是	是	是	是	是
样本数	2243	2167	2124	1722	1693
R^2	0.471	0.583	0.684	0.710	0.765
城市数目	274	272	266	252	247

注：括号中汇报的是在城市层面进行 cluster 处理的标准误；***，** 和 * 分别表示在 1%，5% 和 10% 水平上显著。

由于期初经济禀赋差异也会对城市的长期发展带来影响，我们在模型（3）中继续控制了城市基期经济禀赋的长期影响，而估计结果基本一致。官员文理大类专业搭配的估计系数依然显著为正，同时估计系数相对于之前有所增大；其他控制变量结果与前面也基本相同，而模型中第二产业比重以及固定资产投资比重也显著为正，表明工业以及固定资产投资比重更高的城市经济发展状况也更好。为了进一步捕捉官员个体特征的影响，在模型（4）中我们加入了市委书记和市长个体特征及任职经历等指标，控制官员个人特征对地方经济增长产生的影响，估计结果同样显示，不同专业背景官员搭配有利于发挥技能互补优势，推动地区经济发展。与此同时，其他不可观测性先天禀赋也可能会影响到官员的特征与能力，我们进一步在模型（5）中加入官员籍贯地省份效应来控制官员成长环境等不可观测性因素对领导人能力的影响，分析结果显示市委书记和市长的专业技能互补效应依然显著存在。而从官员特征方面来看，不论是市委书记还是市长，拥有经济师头衔及曾经有领导秘书或主任任职经历均未能对经济发展产生积极效应；同时对于市长而言，性别为男性、入党越早、党校学习及入伍经历均有利于促进地区增长，而共青团系统工作经历对地区经济增长没有显著的正向效应。有趣的是，市委书记和市长的年龄特征在方程中呈现出不同的效应：市委书记年龄对城市经济发展激励较弱，而市长年龄越大则经济发展激励更强，这意味着某些情况下，官员经济发展目标上也会存在激励不统一的问题。

上述分析都发现，在控制其他一系列因素之后，市委书记和市长文理专业搭配对地方经济发展有正向的促进作用。这也表明不同专业背景的官员组合搭配，有利于发挥一种异质性劳动技能搭配的功效，城市的市委书记和市长各自从不可被替代的专业视角作出贡献，最终促进了地方经济发展。

（2）经济效应的异质性：文科专业内搭配和理工农医专业内搭配。在对文理专业背景大类搭配分析的基础上，我们进一步对细分专业“人文科学和社会科学”以及“理工科学和农学医学”进行检验，分析人文社科专业内搭配和理工农医内专业搭配是否也具有上述专业技能互补的经济效应。

表7-3的模型（1）中，我们在控制城市固定效应、年份固定效应以及城市基期经济禀赋的长期影响基础上，检验了市委书记、市长在人文专业和社科专业搭配对城市发展的影响；模型（2）中进一步放入了官员个人特征变量，而在模型（3）中我们进一步控制了官员籍贯来源地效应，用于捕捉影响官员成长经历的不可观测性因素的影响。上述估计结果都发现，市委书记和市长人文社科类专业的搭配组合同样有利于发挥异质性劳动力技能互补的优势，并促进城市经济发展。值得注意的是，相对于官员文理大类专业搭配的经济效应而言，官员人文社科专业搭配的经济促进效应相对更小。

表7-3　　经济效应异质性：人文社科专业内搭配和理工农医专业内搭配

Variables	人文社科专业搭配			理工农医专业搭配		
	(1)	(2)	(3)	(4)	(5)	(6)
major_rwsk × t	0.0613*** (0.0195)	0.0784*** (0.0217)	0.0769*** (0.0213)			

续表

Variables	人文社科专业搭配			理工农医专业搭配		
	(1)	(2)	(3)	(4)	(5)	(6)
major_lgny × t				0.137*** (0.0344)	0.0736* (0.0376)	0.105*** (0.0370)
popden	−2.138 (1.503)	−6.461*** (2.276)	−10.75*** (2.400)	−1.832 (1.391)	−3.297* (1.918)	−5.516*** (2.000)
pergdp	0.334*** (0.0324)	0.332*** (0.0349)	0.261*** (0.0333)	0.356*** (0.0318)	0.327*** (0.0348)	0.256*** (0.0334)
g_gdp	−2.744*** (0.723)	−2.260*** (0.804)	−2.772*** (0.780)	−2.352*** (0.663)	−1.997** (0.791)	−2.362*** (0.767)
ratio_sgdp	0.0295*** (0.00716)	0.0425*** (0.00857)	0.0465*** (0.00861)	0.0292*** (0.00624)	0.0422*** (0.00841)	0.0467*** (0.00840)
ratio_tgdp	0.0115 (0.00877)	0.0168 (0.0108)	0.0266** (0.0107)	0.00912 (0.00784)	0.0191* (0.0106)	0.0294*** (0.0105)
fixinv_gdp	0.503*** (0.160)	0.521*** (0.186)	0.724*** (0.183)	0.622*** (0.145)	0.552*** (0.185)	0.767*** (0.182)
consum_gdp	−0.432* (0.249)	0.00924 (0.326)	−0.0455 (0.313)	−0.725*** (0.223)	−0.109 (0.320)	−0.195 (0.307)
forinv_inv	−3.602 (2.796)	−12.84*** (3.297)	−10.67*** (3.306)	−1.044 (2.501)	−12.82*** (3.245)	−11.42*** (3.238)
sj_age		−0.00403 (0.0113)	−0.00762 (0.0113)		−0.00954 (0.0112)	−0.0130 (0.0113)
sj_sex_dum		0.332** (0.148)	0.201 (0.150)		0.309** (0.148)	0.192 (0.149)
sj_edu_dum		0.112 (0.111)	0.101 (0.116)		0.0660 (0.112)	0.0230 (0.116)
sj_partysch		−0.0360 (0.0539)	−0.0335 (0.0533)		−0.0280 (0.0530)	−0.0198 (0.0525)
sj_econ		−0.116 (0.0909)	−0.157* (0.0899)		−0.124 (0.0906)	−0.154* (0.0897)

续表

Variables	人文社科专业搭配			理工农医专业搭配		
	(1)	(2)	(3)	(4)	(5)	(6)
sj_engin		0.0710 (0.0938)	-0.0481 (0.0940)		0.0262 (0.0924)	-0.0682 (0.0927)
sj_partyage		0.00658 (0.00564)	0.00197 (0.00562)		0.00702 (0.00562)	0.00179 (0.00559)
sj_workage		-0.00961 (0.00876)	0.00422 (0.00906)		-0.00376 (0.00867)	0.0116 (0.00897)
sj_army		0.0246 (0.0885)	-0.0375 (0.0919)		0.0460 (0.0877)	-0.0254 (0.0911)
sj_communist		-0.114** (0.0559)	0.00294 (0.0565)		-0.102* (0.0556)	0.0211 (0.0561)
sj_secretary		-0.0211 (0.0496)	-0.155*** (0.0510)		-0.0109 (0.0496)	-0.147*** (0.0511)
sz_age		0.0343*** (0.0103)	0.0261*** (0.00994)		0.0292*** (0.0101)	0.0236** (0.00979)
sz_sex_dum		0.112 (0.103)	0.210** (0.100)		0.158 (0.105)	0.248** (0.103)
sz_edu_dum		-0.197* (0.108)	-0.230** (0.108)		-0.122 (0.101)	-0.147 (0.101)
sz_partysch		0.0996* (0.0508)	0.139*** (0.0514)		0.0707 (0.0498)	0.107** (0.0503)
sz_econ		-0.318*** (0.0839)	-0.321*** (0.0871)		-0.349*** (0.0825)	-0.348*** (0.0854)
sz_engin		0.304*** (0.0817)	0.0639 (0.0870)		0.278*** (0.0815)	0.0351 (0.0876)
sz_partyage		-0.00543 (0.00622)	-0.0114* (0.00618)		-0.00781 (0.00621)	-0.0148** (0.00614)
sz_workage		-0.0143* (0.00762)	-0.00877 (0.00757)		-0.00933 (0.00753)	-0.00484 (0.00749)

续表

Variables	人文社科专业搭配			理工农医专业搭配		
	(1)	(2)	(3)	(4)	(5)	(6)
sz_army		0.184** (0.0876)	0.140 (0.0899)		0.188** (0.0873)	0.163* (0.0893)
sz_communist		-0.111** (0.0507)	-0.136*** (0.0505)		-0.0989** (0.0500)	-0.134*** (0.0497)
sz_secretary		0.0274 (0.0471)	-0.105** (0.0487)		0.0386 (0.0472)	-0.0825* (0.0485)
Constant	3.894*** (0.603)	2.337** (0.956)	2.322** (0.990)	3.894*** (0.524)	2.406** (0.933)	2.326** (0.963)
书记籍贯省份	否	否	是	否	否	是
市长籍贯省份	否	否	是	否	否	是
基期 GDP×年份	是	是	是	是	是	是
年份效应	是	是	是	是	是	是
城市效应	是	是	是	是	是	是
样本数	2226	1727	1698	2481	1758	1729
R^2	0.681	0.707	0.764	0.703	0.705	0.762
城市数目	268	252	247	272	253	248

注：括号中汇报的是在城市层面进行 cluster 处理的标准误；***，** 和 * 分别表示在 1%，5% 和 10% 水平上显著。

在接下来的模型（4）—模型（6）中，我们采用同样的实证策略在逐步引入控制变量的基础上，检验了官员理工专业和农学医学专业搭配对城市经济发展的影响。研究结果显示，市委书记和市长的理工农医专业背景搭配的经济效应同样显著存在，同时估计系数相对于人文社科大类专业搭配更大。这表明官员不同专业背景搭配，在相同大类专业背景下也存在经济效应的异质性。通过对比官员文科专业和理科专业搭配、人文专业和社科专业搭配对地区经济发展的影响经济显著性程度，我们不难看出，市委书记和市长在理工专业和农医专业的搭配组合对城市发展的促进作用相对更强，影响系数甚至也大于文理的大类专业组合效应。其他变量的影响效应与前面分析基本一致，这里不再赘述。

（二）稳健性检验

为了对上述基础分析结论的有效性进行检验，本部分将分别从城市经济发展度量指标、上级官员政治更替影响以及针对潜在遗漏变量问题的安慰剂检验等方面稳健性分析。

（1）城市经济发展的再度量。事实上，单纯使用城市夜间灯光数据作为地方经济增长绩效的度量也可能并不恰当。既有研究也更多只是指出灯光影像数据可以改进对经济增长绩效的度量，而并非完全替代 GDP 指标。因此，我们同样采用物价消胀处理后的生产总值指标对城市经济发展状况进行再度量，并基于此进行再检验。

表 7－4 中的模型（1）—模型（3）分别汇报了市委书记、市长文理专业搭配、人文社科专业搭配，以及理工农医专业搭配对城市社会生产总值的影响。在控制其他影响因素的基础上，我们的分析结果同样表明，不论是官员大专业类别的文理科之间，还是内部的专业搭配都显著地促进了地区经济增长的效应，即：发挥着一种专业技能互补的作用。

表 7－4　　稳健性检验

Variables	城市经济发展的再度量			上级官员政治更替的干扰		
	(1) 文理	(2) 人文社科	(3) 理工农医	(4) 文理	(5) 人文社科	(6) 理工农医
major_wl × t	8.0659*** (3.0741)			0.0780*** (0.0169)		
major_rwsk × t		8.6790** (4.1473)			0.0845*** (0.0198)	
major_lgny × t			48.4118*** (6.1937)			0.1228*** (0.0338)
Constant	−318.524* (168.760)	−79.1427 (192.6978)	−315.103* (161.4804)	1.8746* (1.0129)	1.6739* (1.0047)	1.5558 (0.9737)
省长效应	是	是	是	是	是	是
省委书记效应	是	是	是	是	是	是
城市经济特征	是	是	是	是	是	是
书记官员特征	是	是	是	是	是	是
市长官员特征	是	是	是	是	是	是
书记籍贯省份	是	是	是	是	是	是
市长籍贯省份	是	是	是	是	是	是

续表

Variables	城市经济发展的再度量			上级官员政治更替的干扰		
	(1) 文理	(2) 人文社科	(3) 理工农医	(4) 文理	(5) 人文社科	(6) 理工农医
基期 GDP×年份	是	是	是	是	是	是
年份效应	是	是	是	是	是	是
城市效应	是	是	是	是	是	是
样本数	1693	1698	1.729	1693	1698	1.729
R^2	0.934	0.866	0.935	0.833	0.832	0.830
城市数目	247	247	248	247	247	248

注：括号中汇报的是在城市层面进行 cluster 处理的标准误；***，** 和 * 分别表示在 1%，5% 和 10% 水平上显著。

（2）上级官员政治更替的潜在影响。由于市委书记和市长搭配的异质性和多样性在多种维度存在，领导团队工作经历的异质性、关系资本的异质性，可能构成更加重要的异质性，而在没有较好地控制这些异质性的情况下，识别专业背景异质性的影响可能不准确。针对这一问题，首先，我们控制了官员履历中能够控制的各项工作经历及党龄、党校、共青团或秘书、参军以及籍贯来源地等潜在能够影响到官员关系资本积累的任职经历。其次，考虑到直管领导对市级官员政治资本的形成具有重要影响，因此，我们进一步控制了省委书记、省长政治更替的影响。

表 7－4 中的模型（4）—模型（6）汇报了进一步控制省委书记和省长效应后的参数估计结果，不难看出，官员不同专业背景搭配对城市经济发展的促进作用依然显著存在。因此上级官员更替导致的市委书记和市长政治关系资本并不影响结论的有效性。

（3）安慰剂检验。为了继续检验其他不可观测遗漏变量会多大程度上对结果产生影响，我们通过一种随机生成当年官员“专业互补”城市的安慰剂检验思路来再验证（类似思路参见：Chetty et al.，2009；Li et al.，2016）。以市委书记、市长人文和社科专业搭配效应分析为例，2000—2010 年间满足官员专业互补城市数分别为｛19，39，51，62，67，74，78，83，87，86，83｝。我们首先在 11 个年份中依次随机抽取年份 t_1，...，t_{11}，并“配额”以该年份对应的专业技能互补的城市数；其次依次在 t_1 年份的样本中随机选取 19 个城市点，在 t_2 年份的样本中随机选取39个城市点，这一随机选取过程直到给予 t_{11} 年份随机分配83个城市点后结束。基于各年份官员专业搭配的城市分布状况，我们可以得到城市特定专业技能互补作用的期数，并通过是否属于专业技能互补变量与期数的交互项来刻画官员专业搭配的长期效应。给定这种随机数据的产生过程，这种“虚假”的专业技能互补变量对城市经济发展的影响系数应接近于0，反之则意味着遗漏掉了足够重要的因素，并形成实质性效应分析干扰。为了增强安慰剂检验识别的效力，上述过程被重复了500次。

图7－1至图7－3呈现了基于表7－2中模型（5）（估计系数0.0890），以及表7－3中模型（3）（估计系数0.0769）、模型（5）（估计系数0.105）设定下，500次虚假文理搭配、人文社科搭配以及理工农医搭配估计系数的分布。三项安慰剂检验的估计系数分布均显著集中于0附近，表明随机抽样下的反事实“专业搭配”不存在促进城市经济发展的显著效应；同时，本章基准回归系数也都落在小概率区间。因此，官员专业技能互补具有经济效应的研究结论并不会受到非可观测性影响因素的干扰。

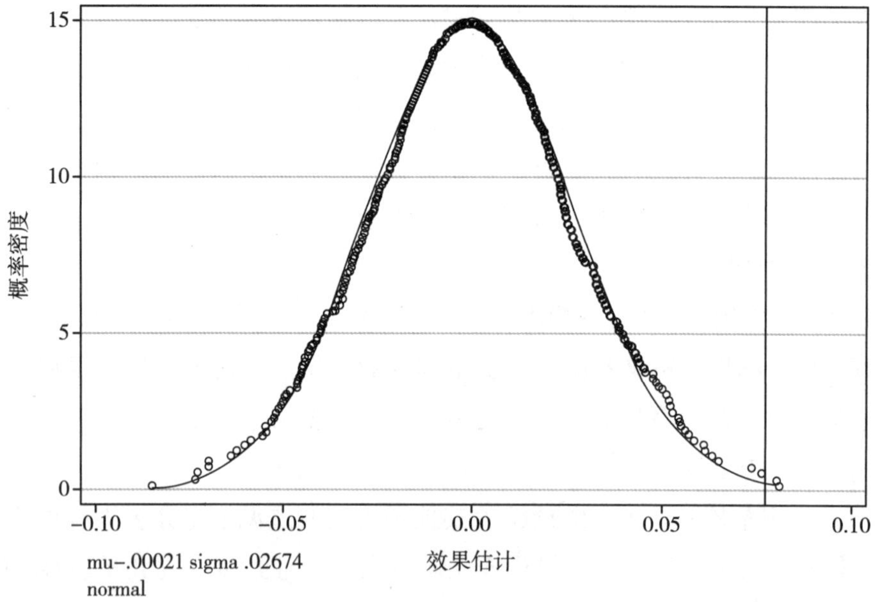

图7－1　安慰剂检验1：虚假文理搭配官员经济效应

（三）进一步拓展分析

（1）官员专业搭配的非对称性影响。上述分析发现不同专业背景的官员组合对城市经济发展具有积极的促进作用，那么这种经济效应是否具有对称性，

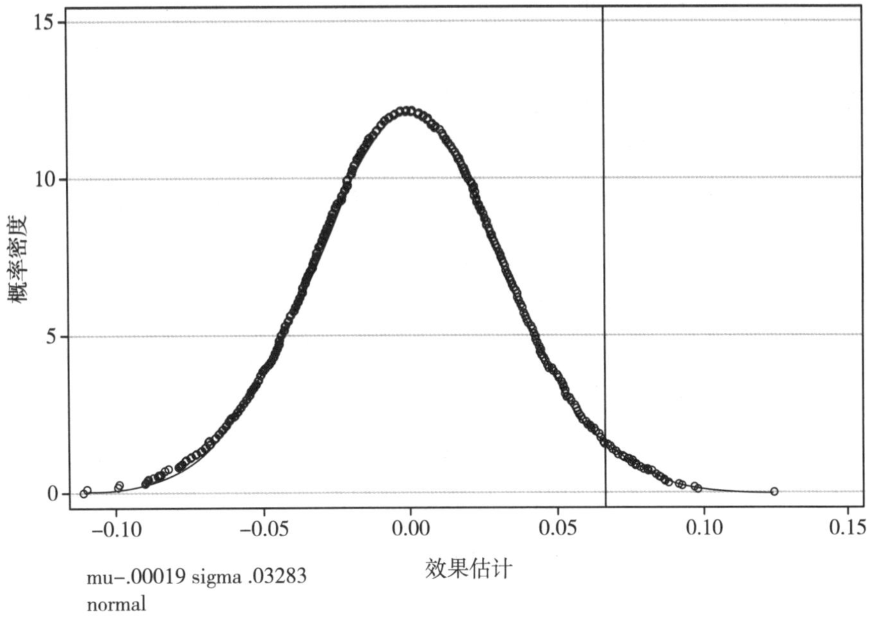

图 7－2　安慰剂检验 2：虚假人文社科搭配官员经济效应

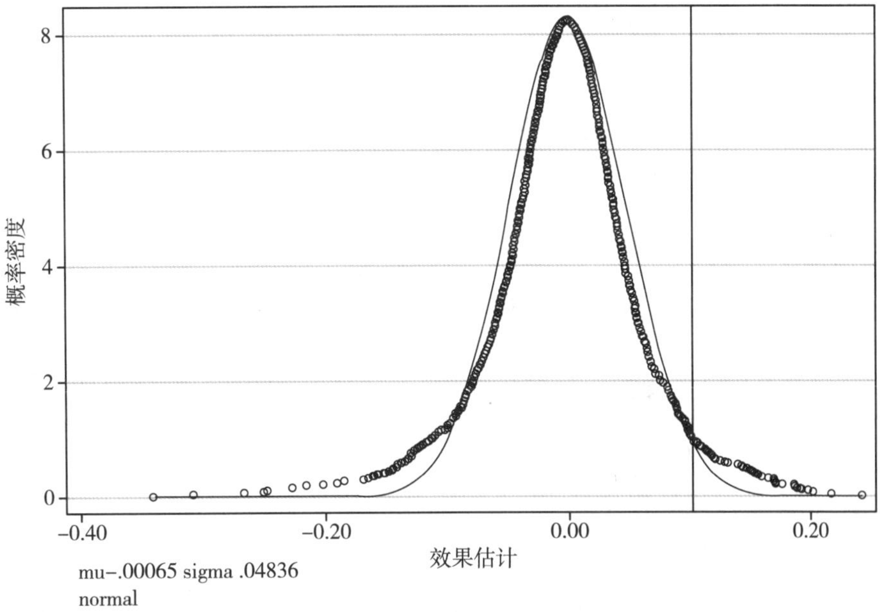

图 7－3　安慰剂检验 3：虚假理工农医搭配官员经济效应

即：市委书记和市长的具体专业属性是否会带来影响的差异性？我们将进一步针对这一问题进行分析，并于表 7－5 中呈现了分析结果。

表7－5讨论了官员文理专业搭配的情况，我们在控制了城市效应、年份效应、城市经济禀赋长期影响、官员籍贯省份以及官员个体特征后，分析发现官员文理搭配组合，无论是市委书记还是市长属于文科专业，都能够显著地促进城市经济发展。但是在影响系数中，“理科市委书记和文科市长”的专业搭配的异质性技能互补和促进地方经济发展的作用更强。接下来关注了官员人文专业和社科专业搭配下的经济效应，分析结果表明，市委书记和市长的具体专业类型所带来的人文社科搭配经济效应具有非对称性影响。具体而言，只有“人文专业市委书记和社科专业市长”这一类组合才能带来经济的促进作用；而如果将市委书记和市长的专业互换，这一经济促进效应不再显著。我们同样讨论了官员理工专业和农医学专业搭配的情形，发现只有“农学或医学市委书记和理工市长”的专业组合方式才对城市经济发展存在显著正向作用。其他变量的影响效应与前面分析基本一致，这里不再赘述。

因此，市委书记和市长专业搭配的经济效应具有非对称性，即：只有特定专业背景组合下的官员组合模式能够有效地发挥异质性专业技能互补作用，从而促进地方经济发展。具体而言，在文理小专业类别上，我们发现在“人文市委书记和社科市长”以及“农学或医学市委书记和理工市长”这两种搭配的官员专业组合下，才能够对地方经济发展产生更加显著的促进作用。文理专业大类组合的官员搭配模式均能够产生专业技能互补的经济效应，同时，“文科市委书记和理科市长”搭配模式下的促进作用相对更强。

表7－5　　市委书记和市长专业搭配的非对称性影响

Variables	文理专业搭配		人文社科搭配		理工农医搭配	
	市委书记文科	市长文科	市委书记人文	市长人文	市委书记理工	市长理工
major_wl_sjsz × t	0.0717*** (0.0223)					
major_wl_szsj × t		0.0587*** (0.0202)				
major_rwsk_sjsz × t			0.101*** (0.0242)			
major_rwsk_szsj × t				0.0176 (0.0285)		

续表

Variables	文理专业搭配		人文社科搭配		理工农医搭配	
	市委书记文科	市长文科	市委书记人文	市长人文	市委书记理工	市长理工
major_lgny_sjsz × t					-0.0593 (0.0638)	
major_lgny_szsj × t						0.174*** (0.0435)
Constant	1.973** (0.982)	2.502*** (0.968)	2.332** (0.951)	1.666* (0.987)	1.958** (0.969)	2.067** (0.934)
城市经济特征	是	是	是	是	是	是
书记官员特征	是	是	是	是	是	是
市长官员特征	是	是	是	是	是	是
书记籍贯省份	是	是	是	是	是	是
市长籍贯省份	是	是	是	是	是	是
基期 GDP × 年份	是	是	是	是	是	是
年份效应	是	是	是	是	是	是
城市效应	是	是	是	是	是	是
样本数	1712	1720	1715	1726	1734	1745
R^2	0.765	0.760	0.762	0.769	0.766	0.763
城市数目	248	247	247	248	248	248

注：括号中汇报的是在城市层面进行 cluster 处理的标准误；***，**和*分别表示在1%，5%和10%水平上显著。

（2）专业相对优势效应分析。前面的分析中，我们依次检验了“文理”大类专业技能互补效应，以及人文社科内“人文社科”和理工农医科内“理工农医”的专业技能互补效应。这一部分中，我们将细致考察每一项特定专业与其他专业搭配是否产生技能互补效应。例如，考察地方领导官员拥有人文专业背景是否相对其他专业背景更加重要，我们设定在“市委书记－市长”搭配中，只要有一方为人文专业背景而另一方为其他专业背景则为1，否则为0，依次类推。

表7－6在控制了城市效应、年份效应、城市基期经济禀赋的长期影响、官员籍贯省份效应以及官员个体特征基础上的分析结果表明，若市委书记和市长中有一方属于人文专业背景或理工农医专业背景，那么，将有利于提高城市的

经济发展状况，而社科专业的相对效应不显著。我们通过进一步对比系数的经济显著性不难看出，医学或理工专业的官员对于城市经济发展的促进作用更大，系数均超过0.1，显著高于人文专业、农学专业官员的影响系数。其他变量的影响效应与前面分析基本一致，这里不再赘述。

表7-6　细分专业的专业相对优势效应

Variables	市委书记和市长专业搭配类型（特定专业+其他专业）				
	人文专业	社科专业	理工专业	农学专业	医学专业
major_rwqt×t	0.0862*** (0.0190)				
major_skqt×t		-0.00509 (0.0198)			
major_lgqt×t			0.133*** (0.0187)		
major_nyqt×t				0.0568** (0.0282)	
major_yxqt×t					0.193** (0.0836)
Constant	2.686*** (0.997)	2.184** (1.000)	2.289** (0.981)	2.264** (0.999)	2.283** (0.999)
城市经济特征	是	是	是	是	是
书记官员特征	是	是	是	是	是
市长官员特征	是	是	是	是	是
书记籍贯省份	是	是	是	是	是
市长籍贯省份	是	是	是	是	是
基期GDP×年份	是	是	是	是	是
年份效应	是	是	是	是	是
城市效应	是	是	是	是	是
样本数	1689	1687	1693	1693	1693
R^2	0.765	0.761	0.770	0.762	0.762
城市数目	247	247	247	247	247

注：括号中汇报的是在城市层面进行cluster处理的标准误；***，**和*分别表示在1%，5%和10%水平上显著。

（四）实证小结

在中国的地方经济发展中，分属党政“一把手”的市委书记和市长的角色定位、分工与协作，是直接关系城市能否健康发展的重要保证。现有关注地方领导人特征对经济增长影响的研究更多关注了单一官员属性；而在中国党委、行政双主体领导下，探讨了市委书记和市长交叉性特征的影响是十分必要的。在本章的研究中，我们选取了专业背景这一官员特征切入，探讨了市委书记和市长的专业搭配状况对经济发展的影响，即不同专业背景有利于发挥技能优势互补，还是导致认知冲突的诱因？这一研究对于理解中国经济增长的源泉以及检验地方官员对城市发展的作用具有实践意义。

我们首先在中国的制度背景下，讨论了领导团队异质性的经济影响，进而基于中国2000—2010年地市一级市委书记和市长的教育专业背景、履历特征数据，并使用校准后的DMSP/OLS中国城市夜间灯光数据度量经济发展绩效，分析了官员专业搭配对地方经济发展的影响。我们的研究发现：首先，在控制其他因素的条件下，市委书记和市长在专业大类间的“文理搭配”以及专业大类内部的“人文和社科专业搭配”“理工和农医专业搭配”对地方经济发展具有显著、稳健的促进效应，即发挥着一种专业技能互补的功能。进一步的研究结果表明，这种专业技能互补效应在市委书记、市长之间存在非对称性，即专业技能互补的主导效应更突出地表现于“文科书记和理科市长”“人文书记和社科市长”及“农医书记和理工市长”的搭配组合中。此外，我们还关注了专业属性在城市发展中的重要性程度。我们细分专业检验发现，医学和理工专业背景官员在促进城市发展中作用更加明显，人文和农学专业次之，而社科专业背景官员的效应不显著。

这一研究考察了中国地方经济发展中，市委书记和市长搭档专业背景在中间的作用，这对进一步理解中国地方经济发展中官员特征可能起到的作用提供了新的视角及相关的经验证据。与此同时，我们的研究也表明，领导人专业搭配对地方经济发展有显著影响，因此，在选派地方官员的过程中，适当多元化地方领导层的专业背景搭配可以成为人事任免的考量指标之一。但是同样需要指出的是，由于专业背景本身只是官员诸多特征中的一项，官员品行、能力及任职经历等其他因素同样不容忽视。

第八章　结论与政策建议

一、全书研究结论

通过对政府投资激励政策的经济效应评估，以及从“财政分权体制”和“公共管理”的角度对优化政府投资激励政策进行探讨，我们得到了以下基本结论：

第一，在政府投资激励政策的县域经济增长效应检验中，我们研究发现，政府投资激励对县域经济增长有显著促进作用，一方面地方政府直接投资有利于充分发挥基础设施网络的集聚效应，节约了企业生产成本并为形成劳动力池、信息共享、技术扩散以及信贷融资提供了便利；另一方面包括税收优惠和低价土地出让等在内的投资激励政策有利于吸引资本等生产要素快速流入，促进经济增长。

然而，政府投资激励对于产业结构的促进效应比较单一。政府投资激励显著提高了第二产业人均实际增加值，但是对第一产业和第三产业增加值影响不显著。工业制造行业从以批设经济技术开发区模式实施的政府投资激励政策中受益最高，而由于对社会性服务、公共服务、科教文卫等第三产业的投资激励性政策偏袒相对较少，导致政府投资激励的产业结构优化效应不强。

生产要素使用率上，研究发现政府投资激励对资本使用率影响显著为负，对劳动力报酬有正向影响但并不显著。由于政府投资激励过度“照顾”制造业等第二产业的发展，资本要素迅速向第二产业集聚，投资激励的资本边际效应明显下降，政府投资激励的经济增长质量并不令人满意。

政府投资激励推进了县域经济增长，其主要的作用机制是地方政府投资激励引致的资本持续向第二产业集聚的结果。由于缺乏对生产要素在不同产业间的配置优化，生产要素尤其是资本使用率下降，政府投资激励的经济增长效应是“量的积累”而非“质的提高”的结果。

第二，在政府投资激励政策对企业生产率的效应检验中，我们研究发现，政府投资激励都显著降低了企业生产率，处于政策实验所在地的企业生产率显著下降。进一步来说，政府投资激励对企业生产率存在正、负两种传导效应：从正向效应来说，政府投资激励的“劳动力池”效应显著。经济技术开发区所在地工业企业通过分享“劳动力池”提高了生产效率。熟练劳动力的集聚更易于形成学习扩散效应，提高企业员工的技能水平，进而促进企业生产率。虽然劳动力报酬的上升增加了企业生产成本，但扩大劳动力规模、吸引高素质劳动力的流入，其正向效应显著超过了劳动力成本增加的负向效应。信贷约束上，政府投资激励形成的金融外部性效应显著。政府投资激励政策降低了企业的偿还成本，位于设有经济技术开发区县的企业通过负债能力的提升推进了企业生产率改进。

从负向效应看，企业实际税负的下降对提高企业生产率存在显著的不利影响。经济技术开发区所在地企业享受了较多的政府税收庇护，但企业对政府的税收庇护可能产生“政策依赖”，缺乏生产率改进动力。在地方经济竞争的驱动下，地方性的税收优惠政策是地方政府对企业提供“经济保护”的一种重要方式。然而，过度依赖不可持续的地方性税收优惠政策，容易导致企业形成“地方保护”预期，损害了市场正常资源配置机制，对企业提高生产率产生不利影响。

总的来说，政府投资激励对企业生产率同时存在正、负两种影响效应。一方面，政府投资激励政策降低了企业税收负担，但过度的税收庇护可能导致企业缺乏改进生产率的动力。另一方面，政府投资激励强化了地区对高水平劳动力的吸引力、优化了企业融资配置方式，促进了企业生产率的提高。考虑到政府投资激励对企业生产率的总体负向效应，政府税收庇护的负向效应可能占主导地位。

第三，有关政府投资激励政策的社会福利效应评估中，我们研究发现，政府干预有效弥补了市场效率损失，增进了社会福利绩效；当经济和社会福利绩效出现明显改善时，居民感知到政府有效履行了公共管理职能，提高了对地方政府的信任评价。

微观层面上，增加政府干预并且加大政府福利性领域的公共投资有利于提高家庭收入规模。家庭收入水平较高的居民更有经济能力应对外在冲击，开展广泛的社会活动积累资本，也有更好的自我控制感。政府干预通过各种形式的公共服务，有利于居民积累人力资本、进而提高居民收入获取能力，促进了居民对政府信任感的提升。宏观层面上，政府干预主要通过提高地区城镇化速度改善政府信任程度。近些年来，政府加强农村建设、促进城乡一体化进程明显加快，而基于城镇化率提高导致的政府信任评价上升，说明城乡分割制度可能是导致政府信任偏低的主要原因。

综上所述，在政府干预方式上，政府的宏观干预机制和微观干预机制存在不同。提高政府信任评价，要求政府扩大干预力度，增加在福利性领域的公共投资以促进经济发展速度和家庭收入增长。但另一方面，宏观上又需要政府扩大生产性投资支出以带动城镇化建设。

第四，我们从财政分权体制的视角出发，评估了财政压力对地方投资模式、经济增长和企业实际税率的影响。我们研究发现，财政分权体制导致的地方财政压力显著促进了地方经济增长，然而这种经济增长模式却并不健康。我们通过机制检验发现，所得税分享改革后，受财政压力的激励，地方政府重点支持营业税源重点相关行业——房地产业，这一领域的投资得到了较快的增长，然而投资多样性程度却在下降。

进一步地，我们仍然借助中国 2002 年所得税分享改革构建了地方财政压力的强度双重差分模型，实证研究了财政压力对上市公司实际税率的影响。我们研究发现，在地方财政压力的短期冲击下，地方政府显著降低了对自身分成比例高的营业税的庇护，使得公司营业税实际税率上升。不过，地方政府对自身分享比例低的企业所得税庇护变化不明显，公司所得税实际税率变动不显著。

第五，我们实证检验了地方官员特征对地方经济增长的影响。我们研究发现，地方领导人专业在文理大类学科的搭配将对城市的经济增长具有促进作用。这也表明中国官员不同专业搭配能够更多地发挥一种专业技能互补的效果，并有效地促进地方经济的发展。官员不同专业背景搭配，在相同大类专业背景下也存在经济效应的异质性。通过对比官员文科专业和理科专业搭配、人文专业和社科专业搭配对地区经济发展的影响经济显著性程度，我们不难看出，市委书记和市长在理工专业和农医专业的搭档组合对城市发展的促进作用相对更强，影响系数甚至也大于文理的大类专业组合效应。

市委书记和市长的具体专业类型所带来的人文社科搭配经济效应具有非对

称性影响。换句话说，只有特定专业背景组合下的官员组合模式能够有效地发挥异质性专业技能互补作用，从而促进地方经济发展。具体而言，在文理小专业类别上，我们发现在“人文市委书记和社科市长”以及“农学或医学市委书记和理工市长”这两种搭配的官员专业组合下，才能够对地方经济发展产生更加显著的促进作用。文理专业大类组合的官员搭配模式均能够产生专业技能互补的经济效应，同时“文科市委书记和理科市长”搭配模式下的促进作用相对更强。在专业特定优势上，若市委书记和市长中有一方属于人文专业背景或理工农医专业背景，那么，将有利于提高城市的经济发展状况，而社科专业的相对效应不显著。

二、政策建议

第一，在政府投资激励政策的宏观效应评估中，我们发现，政府引导的高资本积累曾一度促进了中国经济快速发展，但是为激励经济继续保持较快增长，政府需要优化投资激励政策，改变单一依靠吸引资本重复积累的方式，转而更加注重提高资本的边际产出率。我们建议，包括税收优惠、基础设施网络投资、生产性补贴等在内的地方政府投资激励政策应该更多向新兴技术产业、社会服务和公共服务领域倾斜。官员晋升制度中加大对经济发展质量、公共服务质量等考核指标的占比权重；地方政府在培育经济增长点时应充分发挥地方比较优势、鼓励企业进行技术创新而避免单一和重复性的资本累积方式，改善政府投资激励政策的经济效率。

第二，在政府投资激励政策的微观效应评估中，我们发现，过多的税收优惠政策可能并不利于企业产生持续改进生产率的动力。因此，政府投资激励政策体系应该做出适当的结构性调整。可供选择的政策方式包括：（1）政府在维持企业合理税收负担的基础上，着力减少地方政府对辖区内企业进行税收庇护的微观政策干预；（2）政府应集中财力，通过制度创新继续增强并拓展基础设施网络建设和金融网络建设，为培育行业集聚提供良好的外部环境；（3）鼓励企业储备高素质人力资源，创新地区人才吸引制度，通过人力资本结构优化带动企业生产率的不断提高。

第三，在政府投资激励的社会福利效应评估中，研究发现，市场经济建立和发展阶段，政府干预有效弥补了市场配置效率损失，通过微观上促进家庭增收、宏观上加速城乡一体化进程，有效增进了政府信任评价。针对这一结论，我们认为，重构社会信任体系，政府应当有所作为。首先，政府应合理并谨慎控制政府干预规模，支出干预重点应该集中于加大福利性领域投资、推进城乡基本公共服务均等化并优化收入分配机制、促进居民收入增长。其次，在公共服务资金筹集方式上，由于居民存在“税负痛苦”感知，地方政府应控制居民税收负担、保持预算制度质量的稳定，以避免因税收负担导致的政府信任损失。最后，加快培育网络、媒体等第三方社会监督力量，规范政府预算收支管理，以合理、透明、公开的制度安排约束不正当的寻租行为，构建良好的政府信任体系。

第四，在财政压力影响地方投资模式、企业实际税率和经济增长的评估中，我们的研究表明，财政制度设计会深刻影响地方政府的行为决策。财政压力激励下地方政府容易形成较为单一的投资结构和经济发展模式，加剧了宏观经济风险。地方政府在财政压力下转向使用土地收入等非税收入来源作为新一轮的税收竞争手段，不利于国内统一市场的形成，并有悖于生产要素充分、自由流动的资源配置机制。在微观上，财政压力还会迫使地方政府减少对企业的税收庇护，导致企业的实际税负上升。

我们认为，政府需要在以下几个方面做出改进：第一，合理划分中央政府与地方政府的财权责任和事权责任，在税收制度设计上适当增加地方政府的自主决策权，防范地方政府过于依赖某类地方高税行业的发展模式，增进地方经济发展的多样性。第二，规范政府性基金收入管理，减少地方政府对于土地性财政收入的依赖，抑制地方政府陷入低效的政府间竞争。第三，中央到地方各级政府需要制定相应的预防机制避免财政压力对地方政府执行减税政策的阻碍。

第五，在政府支出投资激励的有关评估中，我们证实了地方官员的异质性知识搭配对促进城市经济增长和官员团队决策科学性的积极作用。在应用价值上，我们认为，多元化地方官员团队的来源结构，对于增进地方投资性支出的配置效率和使用效率，可能存在显著的积极影响。

参考文献

Acemoglu D. , Johnson S. , Robinson J. , 2001, The Colonial Origins of Comparative Development: An Empirical Investigation. American Economic Review, 91, 1369 - 1401.

Acemoglu D. , Introduction of Modern Economic Growth. Princeton and Oxford: Princeton University Press, 2009.

Adam C. S. , Bevan D. L. , Fiscal Deficits and Growth in Developing Countries. Journal of Public Economics, 89, 2005, 571 - 597.

Aghion, Philippe, Algan, Yann, Cahuc, Pierre, Shleifer, Andrei, 2010, Regulation and distrust. Quarterly Journal of Economics, 125 (3), 1015 - 1049.

Alberto B. and V. Thierry, 2010, The Economics of Cultural Transmission and Socialization, In: Benhabib, Jess, Bisin, Alberto, Jackson, Matt (Eds.), Handbook of Social Economics. North - Holland.

Akcomak S. , B. Weel, 2009, Social Capital, Innovation and Growth: Evidence from Europe, European Economic Review, 42, 544 - 567.

Alesina A. , La Ferrara E. , 2000, Participation in Heterogeneous Communities. Quarterly Journal of Economics, 115 (3), 847 - 904.

Allers M. A. , J. P. Elhorst, 2005, Tax Mimicking and Yardstick Competition Among Local Governments in the Netherlands, International Tax and Public Finance, 12 (4), 493 - 513.

Alstadsaeter A. M. Jacob, Michaely R. , 2017, Do Dividend Taxes Affect Corporate Investment, Journal of Public Economics, 151, 74 - 23.

An Zhiyong, 2012, Taxation and Capital Structure: Empirical Evidence from a Quasi - Experiment in China, Journal of Corporate Finance, 18 (4), 683 - 689.

Antonio C. , Hall, R. E. 1996, Productivity and the Density of Economic Activity. American Economic Review, 86 (1), 55 - 70.

Aschauer D. A. , 1993, Genuine Economic Returns to Infrastructure Investment, Policy Studies Journal, 21, 380 – 390.

Asghedom, G. , Karen, P. W. , 2009, Effects of Tax Incentives on Long – run Capital Formation and Total Factor Productivity Growth in the Canadian Sawnilling Industry, Forest Policy and Economics, 11 (2), 85 – 94.

Barro R. J. , 1990, Government Spending in ASimple Model of Endogenous Growth. Journal of Political Economy, 98, 103 – 125.

Barro R. J. , Sala – I – MartinX. , 1992, Public Finance in Models of Economic Growth. Review of Economic Studies, 59, 645 – 661.

Bernard, A. B. , Jensen J. B. , 2004, Why Some Firms Export?, Review of Economics and Statistics, 86, 561 – 569.

Besley T. , A. Case, 1995, Incumbent Behavior: Vote – Seeking, Tax – Setting, and Yardstick Competition, American Economic Review, 85 (1), 25 – 45.

Bisin, Alberto, Verdier, Thierry, 2010, The economics of cultural transmission and socialization. In: Benhabib, Jess, Bisin, Alberto, Jackson, Matt (Eds.), Handbook of Social Economics. North – Holland.

Berliant M. , M. Fujita, 2008, Knowledge creation as a square dance on the Hilbert cube, International Economic Review, 49 (4), 1251 – 1295.

Blatt R. , 2009, Tough love: How Communal Schemas and Contracting Practices Build Relational Capital in Entrepreneurial Teams, Academy of Management Review, 34 (3), 533 – 551.

Boix C. , Posner D. , 1998, Social Capital: Explaining its Origins and Effects on Government Performance. British Journal of Political Science, 28, 686 – 695.

Bombardini M. , G. Gallipoli G. Pupato, 2012, Skill Dispersion and Trade Flows, American Economic Review, 102 (5), 2327 – 2348.

Bunderson J. S. , K. M. Sutcliffe, 2002, Comparing Alternative Conceptualizations of Functional Diversity in Management Teams: Process and Performance Effects, Academy of Management Journal, 45 (5), 875 – 893.

Cai H. B. and D. Treisman, 2005, Does Competition for Capital Discipline Governments? Decentralization, Globalization and Public Policy, American Economic Review, 95 (3), 817 – 830.

Cai H. B. and D. Treisman, 2006, Did Government Decentralization Cause China's Economic Miracle, World Politics, 58 (4), 505 -535.

Cainelli G. , Iacobucci D. 2012, Agglomeration, Related Variety and Vertical Intergration. Economic Geography, 2012, 88 (3), 255 -277.

Cannella Jr, A. A. , J. Park & H. Lee, 2008, Top Management Team Functional Background Diversity and Firm Performance: Examining the Roles of Team Member Co - location and Environmental Uncertainty, Academy of Management Journal, 51 (4), 768 -784.

Carpenter M. A. , 2002, The Implications of Strategy and Social Context for the Relationship between Top Management Team Heterogeneity and Firm Performance, Strategic Management Journal, 23 (3), 275 -284.

Chen A. P. , Nicolaas Groenewoold, 2013, Does Investment Allocation Affect the Inter - Regional Output Gap in China? A Time - Series Investigation, China Economic Review, 26, 197 -206.

Chen S. X. , 2017, The Effect of a Fiscal Squeeze on Tax Enforcement: Evidence from a Natural Experiment in China, Journal of Public Economics, 147, 62 -76.

Chetty R. , A. Looney K. Kroft. , 2009, Salience and Taxation: Theory and evidence, American Economic Review, 99 (4), 1145 -1177.

Craig and C. Stephen, 1993, The Malevolent Leaders: Popular Discontent in America, Boulder, CO: Westview.

Cui H. , Xu Z. , Yashiro N. , 2015, Agglomeration and Productivity in China: Firm Level Evidence, China Economic Review, 33 (4), 50 -66.

Davoodi H. , Zou H. F. , 1998, Fiscal Decentralization and Economic Growth: A Cross - Country Study, Journal of Urban Economics, 43, 244 -257.

Du J. L. , Lu Y. & Tao Z. G. , Government Expropriation and Chinese - style Firm Diversification. Journal of Comparative Economics, Vol. 43, 2015, 155 -169.

Desai M. A. , D. Dharmapala, 2009, Corporate Tax Avoidance and Firm Value, The Review of Economics and Statistics, 91 (3), 537 -546.

Desai M. A. , Dyck A. , Zingales L. , 2007, Theft and Taxes, Journal of Financial Economics, 84 (3), 591 -623.

Djankov S. , T. Ganser C. McLiesh, R. Ramalho and A. Shleifer, 2010, The

Effect of Corporate Taxes on Investment and Entrepreneuship, American Economic Review, 2 (3), 31 -64.

DiNardo J. , Fortin N. M. , Lemieux T. , 1996, Labor Market Institutions and the Distribution of Wages, 1973 -1992: A Semi - parametric Approach. Econometrica, 64 (8), 1001 -1044.

Di Tella, R. , MacCulloch, R. , 2009, Why doesn't Capitalism Flow to Poor Countries?, Brookings Papers on Economic Activity Spring, 285 -321.

Duranto G. , Puga D. Micro - foundations of Urban Agglomeration Economics. in Henderson, V. , Thisse, J. (eds.), Handbook of Regional and Urban Economics, 2004, Vol. 4. Amsterdam: North - Holland.

Durlauf S. and M. Fafchamps, 2005, Social Capital, in Handbook of Economic Growth, 1 (1), 1639 -1699.

Earley P. C. & E. Mosakowski, 2000, Creating Hybrid Team Cultures: An Empirical test of International Team Functioning, Academy of Management Journal, 43 (1), 26 -49.

Eisenhardt K. M. , C. B. Schoonhoven, 1990, Organizational Growth: Linking Founding Team, Strategy, Environment, and Growth Among U. S. Semiconductor Ventures, 1978 ~1988, Administrative Science Quarterly, 35 (3), 504 -529.

Faguet J. , 2004, Does Decentralization Increase Government Responsiveness to Local Needs?: Evidence from Bolivia, Journal of Public Economics, 88, 867 -893.

Fishman R. and K. Tarun, 1999. Is Trust a Historical Residue? Information Flows and Trust Levels, Journal of Economic Behavior and Organization, 38, 79 -91.

Fox J. T. , V. Smeets, 2011, Does input Quality Drive Measured Differences in Firm Productivity?, International Economic Review, 52 (4), 961 -989.

Giannetti M. , 2003, On the Mechanics of Migration Decisions, Skill Complementarities and Endogenous Price Differentials, Journal of Development Economics, 71 (2), 329 -349.

Gibbons R. , L. F. Katz, T. Lemieux, D. Parent, 2005, Comparative Advantage, Learning, and Sectoral Wage Determination, Journal of Labor Economics, 23 (4), 681 -724.

Görg H. , Michael H. , S. Eric, 2008, Grant Support and Exporting Activity, The

Review of Economics and Statistics, 90, 168 – 174.

Hodler R. & Raschky P. A. , Regional Favoritism. Quarterly Journal of Economics, Vol. 129, No. 2, 2014, 995 – 1033.

Hambrick D. C. , P. A. Mason, 1984, Upper Echelons: The Organization as a Reflection of its top Managers, Academy of Management Review, 9 (2), 193 – 206.

Hamilton B. H. , J. A. Nickerson, H. Owan, 2003, Team Incentives and Worker Heterogeneity: an Empirical Analysis of the Impact of Teams on Productivity and Participation, Journal of Political Economy, 111 (3), 465 – 497.

Han L. , Kung J. K. , 2015, Fiscal Incentives and Policy Choices of Local Governments: Evidence from China. Journal of Development Economics, 116, 89 – 104.

Helmers C. , N. Trofimenko, 2010, Export Subsidies in a Heterogeneous Firms Framework: Evidence from Colombia, CSAE Working Paper Series, No. 26.

Henderson J. V. , 2003, The Urbanization Process and Economic Growth: The So – What Question, Journal of Economic Growth, 8 (1), 47 – 71.

Henderson J. V. , A. Storeygard, D. N. Weil, 2012, Measuring Economic Growth from Outer Space, American Economic Review, 102 (2), 994 – 1028.

Hodler R. , P. A. Raschky, 2014, Regional Favoritism, Quarterly Journal of Economics, 129 (2), 995 – 1033.

Hong L. , S. E. Page, 2001, Problem Solving by Heterogeneous Agents, Journal of Economic Theory, 97, 123 – 163.

House C. L. , M. D. , Shapiro, 2008, Temporary Investment Tax Incentives: Theory with Evidence from Bonus Depreciation, American Economic Review, 98 (3), 737 – 768.

Horvath. R. , 2012, Does Trust Promote Growth, Journal of Company Economy, 41 (3), 777 – 788.

Iranzo S. , F. Schivardi E. Tosetti, 2008, Skill Dispersion and Firm Productivity: An analysis with Employer – Employee Matched Data, Journal of Labor Economics, 26 (2), 247 – 285.

Jacobs J. , J. E. Ligthart, H. Vrijburg, 2010, Consumption Tax Competition among Governments: Evidence from the United States, International Tax and Public Finance, 17 (3), 271 – 294.

Jesús Peiró - Palomino, Emili Tortosa - Ausina, 2013, Can Trust Effects on Development be Generalized? A Response by Quantile, Journal of Political Economy, 32, 377 - 390.

Jin H., Y. Qian B. Weingast, 2005, Regional Decentralization and Fiscal Incentives: Federalism, Chinese style, Journal of Public Economics, 89 (9/10), 1719 - 1742.

Jin J. and Zou, Heng - fu, 2002, How Does Fiscal Decentralization Affect Aggregate, National, and Subnational Government Size?, Journal of Urban Economics, 52, 270 - 293.

Jing Jin, Heng - fu Zou, 2005, Fiscal Decentralization, Revenue and Expenditure Assignments, and Growth in China, Journal of Asian Economics, 16, 1047 - 1064.

Jin Wang., 2013, The Economic Impact of Special Economic Zone: Evidence from Chinese Municipalities, Journal of Development Economics, 101, 133 - 147.

Jones B. F., B. A. Olken, 2005, Do Leaders Matter? National Leadership and Growth Since World War Ⅱ, Quarterly Journal of Economics, 120 (3), 835 - 864.

Kneller R., Bleaney, M., Gemmell, N., 1999, Fiscal Policy and Growth: Evidence from OECD Countries, Journal of Public Economics, 74 (2), 171 - 190.

Koethenbuerger M., Lockwood, B. 2010, Does Tax Competition Really Promote Growth. Journal of Economic Dynamics and Control, 34 (2), 191 - 206.

Laurent Gobllion, Thierry Magnac, Harris Selod., 2012, Do Unemployed Workers Benefit from Enterprise Zones? The French Experience, Journal of Public Economics, 96, 881 - 892.

Li H., Li - An Zhou, 2005, Political Turnover and Economic Performance: The Incentive Role of Personnel Control in China, Journal of Public Economics, 89 (9 - 10), 1743 - 1762.

Li P., Y. Lu, J. Wang, 2016, Does Flattening Government Improve Economic Performance? Evidence from China, Journal of Development Economics, 123, 18 - 37.

Lin H., Li H., Yang, C. Agglomeration and Productivity: Firm - Level Evidence From China's Textile Industry. China Economic Review, 2011, 22 (3), 313 - 329.

Lin J. Yifu, Zhiqiang Liu, 2000, Fiscal Decentralization and Economic Growth in China, Economic Development and Culture Change, 49 (1), 1 - 21.

Liu Q. , Y. Lu, 2015, Firm Investment and Exporting: Evidence from China's Value - added Tax Reform, Journal of International Economics, 97 (7), 392 - 403.

Lu J. , Tao Z. , 2006, Trends and Determinants of China's Industrial Agglomeration. Journal of Urban Economics, 65 (2), 167 - 180.

Lu J. Y. and Z. G. Tao, 2009, Trends and Determinants of China's Industrial Agglomeration, Journal of Urban Economics, 65 (2), 167 - 180.

Ma J. , Intergovernmental Relations and Economic Management in China, London: Macmillan Press, 1997.

Magnus G. , J. Henrik, 2008, Inequality and Trust in Sweden: Some Inequalities are more Harmful than Others, Journal of Public Economics, 92, 348 - 365.

Marino M. , P. Parrotta & D. Pozzoli (2016), "Educational Diversity and Knowledge Transfers via Inter - firm Labor mobility", Journal of Economic Behavior & Organization 123, 168 - 183.

Marius Brulhart, Raphael Parchet, 2014, Alleged Tax Competition: The Mysterious death of Bequest Taxes in Switzerland, Journal of Public Economics, 111, 63 - 78.

Miller A. H. , S. A. Borrelli, 1991, Confidence in Government During the 1980s, American Politics Quarterly, 19 (2), 147 - 173.

M. Ljunge, 2014, Social Capital and Political Institutions: Evidence that Democracy Fosters Trust, Economics Letters, 122, 44 - 49.

N. Nye J. S. , 1997. "Introduction: The Decline of Confidence in Government", In Joseph S. Nye, Jr. , Philip D. Zelikow and David C. King (eds.), Why People Don't Trust Government. Cambridge, MA: Harvard University Press.

Oates W. E. , 1993, Fiscal Decentralization and Economic Development. National Tax Journal, 46 (2), 237 - 243.

Ottaviano, G. I. P. & G. Peri (2012), "Rethinking the Effects of immigration on wages", Journal of European Economic Association, 10 (1), 152 - 197.

Parrotta P. , D. Pozzoli & M. Pytlikova (2014), "Labor Diversity and Firm Productivity", European Economic Review, 66, 144 - 179.

Pazy, A. , & I. Oron (2001), "Sex Proportion and Performance Evaluation Among High - ranking Military Officers", Journal of Organizational Behavior, 22 (6), 689 - 702.

Pew Research Center, 1998, Deconstructing Trust: How Americans View Government. Washington DC: Pew Research Center of the People and the Press.

Qian Y. and Gerald Roland., 1998, Federalism and the Soft Budget Constraint, American Economic Review, 88 (5), 1143 - 1162.

Qian Y. and B. Weingast, 1997, Federalism As a Commitment to Preserving Market Incentives, Journal of Economic Perspectives, 11 (4), 83 - 92.

Qin D., H. Y. Song, 2009, Source of Investment Inefficiency: The Case of Fixed - Asset Investment in China, Journal of Development Economics, 90 (1), 94 - 105.

Rothstein B. 2003, Social Capital, Economic Growth and Quality of Government: The Causal Mechanism, New Political Economy, 8 (1), 49 - 71.

Schaltegger C. A., B. Torgler., 2007, Government Accountability and Fiscal Discipline: A Panel Analysis Using Swiss Data. Journal of public economics, 91, 117 - 140.

Shleifer A., Vishny, R. W., 1998, The Grabbing Hand: Government Pathologies and Their Cures. Harvard University Press.

Simons T., L. H. Pelled, K. A. Smith, 1999, Making use of Difference: Diversity, Debate, and Decision Comprehensiveness in top Management Teams, Academy of Management Journal, 42 (6), 662 - 673.

Smith K. G., K. A. Smith, J. D. Olian, H. P. Sims, D. P. O' Bannon, J. A. Scully, 1994, Top Management Team Demography and Process: The Role of Social Integration and Communication, Administrative Science Quarterly, 39 (3), 412 - 438.

Somik V. L., Zmarak, S., Diechmann, U., 2004, Agglomeration Economics and Productivity in Indian Industry, Journal of Development Economics, 73 (2), 643 - 673.

Sparber C., 2009, Racial Diversity and Aggregate Productivity in US Industries: 1980 - 2000, Southern Economic Journal, 75 (3), 829 - 856.

Stein E., 1999, Fiscal Decentralization and Government Size in Latin America, Journal of Applied Economics, 2, 357 - 391.

Tihanyi L., A. E. Ellstrand, C. M. Daily, D. R. Dalton, 2000, Composition of the top Management Team and Firm International Diversification, Journal of Management, 26 (6), 1157 - 1177.

Tjosvold D. , C. Hui, D. Z. Ding, J. Hu, 2003, Conflict values and team relationships: Conflict's Contribution to Team Effectiveness and Citizenship in China, Journal of Organizational Behavior, 24 (1), 69 - 88.

Tomomi Miyazaki, 2009, Public Investment and Business Cycles: The Case of Japan. Journal of Asian Economics, 20, 419 - 426.

Tsui K. Y. , 2005, Local Tax System, Intergovernmental Transfers and China's Local Fiscal Disparities, Journal of Comparative Economics, 33 (1), 173 - 196.

V. Dimitrova - Grajzl. , Peter Grajzl, A. Joseph Guse. , 2012, Trust, Perceptions of Corruption, and Demand for Regulation: Evidence from Post - Socialist Countries, Journal of Socio - Economics, 41, 292 - 303.

Volpe Martincus, C. , J. Carballo, 2008, Is Export Promotion Effective in Developing Countries? Firm - level Evidence on the Intensive and Extensive Margins of Exports, Journal of International Economics, 76, 89 - 106.

Von E. M. , Seidel, T. Agglomeration and Credit Constraints, ETH Zurich and CESifo Working Paper, 2011.

Wang J. , 2013, The Economic Impact of Special Economic Zone: Evidence from Chinese Municipalities. Journal of Development Economics, 101 (1), 133 - 147.

Wilson J. D, 1986, A Theory of Inter - regional Tax Competition, Journal of Urban Economics, 19 (3), 296 - 315.

Wu J. , S. He J. Peng, W. Li, X. Zhong, 2013, Intercalibration of DMSP - OLS Night - time Light Data by the Invariant Region Method, International Journal of Remote Sensing, 34 (20), 7356 - 7368.

Xu C. G. , 2011, The Fundamental Institutions of China's Reform and Development. Journal of Economic Literature, 49 (4), 1076 - 1151.

Young A. , 2000, The Razor's Edge : Distortions and Incremental Reform in the People's Republic of China, Quarterly Journal of Economics, 115 (4), 1091 - 1135.

Zhang J. , 2012, Zhu Rongji Might Be Right: Understanding the Mechanism of Fast Economic Development in China, The World Economy, 35 (12), 1712 - 1732.

Zhang X. B. , 2006, Fiscal Decentralization and Political Centralization in China: Implications for Growth and Inequality, Journal of Comparative Economics, 34 (4),

713 – 726.

Zheng Xinye, Li F. H., Song S. F., Yu Y. H., 2013, Central Government's Infrastructure Investment Across Chinese Regions: A Dynamic Spatial Panel Data Approach, China Economic Review, 27, 264 – 276.

Zak P., S. Knack, 2001, Trust and Economic Growth, Economic Journal, 111, 295 – 321.

Zhurarskaya, E. V., 2000, Incentives to Provide Local Public Goods: Fiscal Federalism, Russian Style, Journal of Public Economics, 76, 337 – 368.

Zwick, E., J. Mahon, 2017, Tax Policy and Heterogeneous Investment Behavior, American Economic Review, 107 (1), 217 – 248.

敖荣军:《劳动力区际流动及其人力资本再分配效应——基于技能互补性假说的理论与实证分析》，载于《地理与地理信息科学》，2007 年第 1 期，第 59—63 页。

白俊红、江可申、李婧:《应用随机前沿模型评测中国区域研发创新效率》，载于《管理世界》，2009 年第 10 期，第 51—61 页。

博·罗斯坦著，蒋小虎译:《政府质量：执政能力与腐败、社会信任和不平等》，中文第 1 版，新华出版社，2012 年版。

蔡欣怡、魏名:《发展型国家理论和市场保护型主义模型在中国缘何没有解释力》，载于《经济社会体制比较》，2011 年第 1 期，第 57—66 页。

曹春方、周大伟、吴澄澄:《信任环境、公司治理与民营上市公司投资—现金流敏感性》，载于《管理世界》，2015 年第 5 期，第 125—147 页。

曹子阳、吴志峰、匡耀求、黄宁生:《DMSP/OLS 夜间灯光影像中国区域的校正及应用》，载于《地球信息科学》，2015 年第 9 期，第 1092—1102 页。

陈德球、李思飞、钟昀珈:《政府质量、投资与资本配置效率》，载于《世界经济》，2012 年第 3 期，第 89—110 页。

陈抗、Arye L. H.、顾清扬:《财政集权与地方政府行为变化——从援助之手到攫取之手》，载于《经济学（季刊)》，2002 年第 2 卷第 1 期，第 111—130 页。

陈思霞、陈志勇:《需求回应与地方政府性债务约束机制：经验启示与分析》，载于《财贸经济》，2015 年第 2 期，第 16—28 页。

程惠芳、陆俊嘉:《知识资本对工业企业全要素生产率影响的实证分析》，载于《经济研究》，2014 年第 5 期，第 174—187 页。

杜雪君、黄忠华、吴次芳：《中国土地财政与经济增长——基于省际面板数据的分析》，载于《财贸经济》，2009 年第 1 期，第 60—64 页。

范建勇、冯猛、李方文：《产业集聚与企业全要素生产率》，载于《世界经济》，2014 年第 5 期，第 51—73 页。

范子英、彭飞、刘冲：《政治关联与经济增长——基于卫星灯光数据的研究》，载于《经济研究》，2016 年第 1 期，第 114—126 页。

范子英、田彬彬：《税收竞争、税收执法与企业避税》，载于《经济研究》，2013 年第 9 期，第 99—111 页。

范子英、张军：《财政分权、转移支付与国内市场整合》，载于《经济研究》，2010 年第 3 期，第 53—64 页。

方红生、张军：《攫取之手、援助之手与中国税收超 GDP 增长》，载于《经济研究》，2013 年第 3 期，第 108—121 页。

方红生、张军：《财政集权的激励效应再评估：攫取之手还是援助之手》，载于《管理世界》，2014 年第 2 期，第 21—31 页。

冯宗宪、王青、侯晓辉：《政府投入、市场化程度与中国工业企业的技术创新效率》，载于《数量经济技术经济研究》，2011 年第 4 期，第 3—33 页。

付文林、赵永辉：《税收激励、现金流与企业投资结构偏向》，载于《经济研究》，2014 年第 5 期，第 19—33 页。

傅勇：《财政分权、政府治理与非经济性公共物品供给》，载于《经济研究》，2010 年第 8 期，第 4—15 页。

葛顺奇、田贵明：《国家级经济技术开发区的经济发展及其面临的问题》，载于《世界经济研究》，2008 年第 12 期，第 10—16 页。

郭杰：《财政支出与全社会固定资产投资——基于中国的实证研究》，载于《管理世界》，2010 年第 5 期，第 34—44 页。

郭杰、李涛：《我国地方政府间税收竞争研究——基于我国省级面板数据的经验证据》，载于《管理世界》，2009 年第 11 期，第 54—64 页。

国务院发展研究中心“经济转型期的风险防范与应对”课题组：《打好防范化解重大风险攻坚战：思路与对策》，载于《管理世界》，2018 年第 1 期，第 1—15 页。

何威风、刘启亮：《我国上市公司高管背景特征与财务重述行为研究》，载于《管理世界》，2010 年第 7 期，第 144—155 页。

胡荣、胡康、温莹莹：《社会资本、政府绩效与城市居民对政府的信任》，载于《社会学研究》，2011 年第 1 期，第 96—117 页。

贾俊雪：《税收激励、企业有效平均税率与企业进入》，载于《经济研究》，2014 年第 7 期，第 94—109 页。

贾晓俊、岳希明：《我国均衡性转移支付资金分配机制研究》，载于《经济研究》，2012 年第 1 期，第 17—30 页。

焦豪、焦捷、刘瑞明：《政府质量、公司治理结构与投资决策——基于世界银行企业调查数据的经验研究》，载于《管理世界》，2017 年第 10 期，第 66—78 页。

克鲁格曼：《萧条经济学的回归》，中国人民大学出版社，1999 年版。

李稻葵、徐欣、江红平：《中国经济国民投资率的福利经济学分析》，载于《经济研究》，2012 年第 9 期，第 46—56 页。

李明、李德刚、冯强：《中国减税的经济效应检验——基于所得税分享改革的“准自然实验”》，载于《经济研究》，2018 年第 7 期，第 121—135 页。

李明、毛捷、杨志勇：《纵向竞争、税权配置与中国财政收入占比变化》，载于《管理世界》，2014 年第 5 期，第 52—66 页。

李涛、黄纯纯、何兴强、周开国：《什么影响了居民的社会信任水平：来自广东省的经验证据》，载于《经济研究》，2008 年第 1 期，第 137—152 页。

李永友、沈坤荣：《辖区间竞争、策略性财政政策与 FDI 增长绩效的区域特征》，载于《经济研究》，2008 年第 5 期，第 58—69 页。

李永友、沈玉平：《转移支付与地方财政收支决策——基于省级面板数据的实证研究》，载于《管理世界》，2009 年第 11 期，第 41—53 页。

李永友、严岑：《服务业“营改增”能带动制造业升级吗?》，载于《经济研究》，2018 年第 4 期，第 18—31 页。

李玉梅、刘雪娇、杨立卓：《外商投资企业撤资：基于东部沿海 10 个城市问卷调查的实证分析》，载于《管理世界》，2016 年第 4 期，第 37—51 页。

李增福、顾妍、连玉君：《税率变动、破产成本与资本结构非对称调整》，载于《金融研究》，2012 年第 5 期，第 136—150 页。

梁若冰：《财政分权下的晋升激励、部门利益与土地违法》，载于《经济学（季刊）》，2009 年第 9 卷第 1 期，第 283—306 页。

廖茂林、许召元、胡翠、喻崇武：《基础设施投资是否还能促进经济增长？——基于1994—2016年省际面板数据的实证检验》，载于《管理世界》，2018年第5期，第63—73页。

刘海洋、孔祥贞、马靖：《补贴扭曲了中国工业企业的购买行为吗？——基于讨价还价理论的分析》，载于《管理世界》，2012年第10期，第119—129页。

刘慧龙、吴联生：《制度环境、所有权性质与企业实际税率》，载于《管理世界》，2014年第4期，第42—52页。

刘宁、贾俊生：《研发团队多元性、知识分享与创新绩效关系的实证研究》，载于《南开管理评论》，2012年第6期，第85—92页。

刘启仁、赵灿、黄建忠：《税收优惠、供给侧改革与企业投资》，载于《管理世界》，2019年第1期，第78—114页。

刘生龙、胡鞍钢：《基础设施的外部性在中国的检验：1988—2007》，载于《经济研究》，2010年第3期，第4—15页。

刘行、李小荣：《金字塔结构、税收负担与企业价值：基于地方国有企业的证据》，载于《管理世界》，2012年第8期，第91—105页。

龙小宁、朱艳丽、蔡伟贤，李少民：《基于空间计量模型的中国县级政府间税收竞争的实证分析》，载于《经济研究》，2014年第8期，第41—53页。

陆铭、陈钊：《分割市场的经济增长——为什么经济开放可能加剧地方保护》，载于《经济研究》，2009年第3期，第42—52页。

卢盛峰、陈思霞、杨子涵：《“官出数字”：官员晋升激励下的GDP失真》，载于《中国工业经济》，2017年第7期，第118—136页。

罗党论、廖俊平、王珏：《地方官员变更与企业风险——基于中国上市公司的经验证据》，载于《经济研究》，2016年第5期，第130—142页。

罗党论、佘国满、陈杰：《经济增长业绩与地方官员晋升的关联性再审视——新理论和基于地级市数据的新证据》，载于《经济学（季刊）》，2015年第14卷第3期，第1145—1172页。

罗雨泽、罗来军、陈衍泰：《高新技术产业TFP由何而定？——基于微观数据的实证分析》，载于《管理世界》，2016年第2期，第8—18页。

吕冰洋：《政府间税收分权的配置选择和财政影响》，载于《经济研究》，2009年第6期，第16—27页。

吕冰洋、马光荣、毛捷：《分税与税率：从政府到企业》，载于《经济研究》，2016 年第 7 期，第 13—28 页。

吕炜、许宏伟：《土地财政的经济影响及其后续风险应对》，载于《经济社会体制比较》，2012 年第 6 期，第 78—86 页。

马双、吴夕、卢斌：《政府减税、企业税负与企业活力研究 来自增值税转型改革的证据》，载于《经济学（季刊）》，2019 年第 18 卷第 2 期，第 484—504 页。

聂辉华、方明月、李涛：《增值税转型对企业行为和绩效的影响》，载于《管理世界》，2009 年第 5 期，第 17—24 页。

彭纪生、仲为国、孙文祥：《政策测量、政策协同演变与经济绩效：基于创新政策的实证研究》，载于《管理世界》，2008 年第 9 期，第 25—36 页。

任曙明、吕镯：《融资约束、政府补贴与全要素生产率——来自中国装备制造企业的实证研究》，载于《管理世界》，2014 年第 1 期，第 10—23 页。

任曙明、张静：《补贴、寻租成本与加成率——基于中国装备制造企业的实证研究》，载于《管理世界》，2013 年第 10 期，第 118—129 页。

上官酒瑞：《变革社会中的政治信任》，学林出版社，2013 年版。

申广军、陈斌开、杨汝岱：《减税能否提振中国经济——基于中国增值税转型的实证研究》，载于《经济研究》，2016 年第 11 期，第 70—82 页。

沈坤荣、付文林：《中国的财政分权制度与地区经济增长》，载于《管理世界》，2005 年第 1 期，第 31—39 页。

沈坤荣、付文林、晓鸥：《税收竞争、地区博弈及其增长绩效》，载于《经济研究》，2006 年第 6 期，第 16—26 页。

盛丹、王永进：《产业集聚、信贷资源配置效率与企业的融资成本——来自世界银行调查数据和中国工业企业数据的证据》，载于《管理世界》，2013 年第 6 期，第 85—98 页。

石奇、孔群喜：《动态效率、生产性公共支出与结构效应》，载于《经济研究》，2012 年第 1 期，第 92—104 页。

史宇鹏、李涛、丁彦超：《政府行为与社会信任：来自中国省级层面的经验证据》，载于“中国法经济学论坛”论文集，2011 年。

苏振东、洪玉娟、刘璐瑶：《政府生产性补贴是否促进了中国企业出口》，载于《管理世界》，2012 年第 5 期，第 24—42 页。

孙昕、徐志刚、陶然、苏福兵：《政治信任、社会资本和村民选举参与——

基于全国代表性样本调查的实证分析》，载于《社会学研究》，2007年第4期，第165—187页。

陶然、陆曦、苏福兵、汪晖：《地区竞争格局演变下的中国转轨：财政激励和发展模式反思》，载于《经济研究》，2009年第7期，第21—33页。

王凤荣、苗妙：《税收竞争、区域环境与资本跨区流动》，载于《经济研究》，2015年第2期，第16—30页。

王红建、李青原、邢斐：《金融危机、政府补贴与盈余操纵——来自中国上市公司的经验证据》，载于《管理世界》，2014年第7期，第157—167页。

王文剑、覃成林：《地方政府行为与财政分权增长效应的地区性差异——基于经验分析的判断、假说及检验》，载于《管理世界》，2008年第1期，第9—21页。

王贤彬、徐现祥：《地方官员来源、去向、任期与经济增长——来自中国省长省委书记的证据》，载于《管理世界》，2008年第3期，第16—26页。

王小龙、方金金：《财政"省直管县"改革与基层政府税收竞争》，载于《经济研究》，2015年第11期，第79—93页。

魏立群、王智慧：《我国上市公司高管特征与企业绩效的实证研究》，载于《南开管理评论》，2002年第4期，第16—22页。

吴超鹏、唐菂：《知识产权保护执法力度、技术创新与企业绩效——来自中国上市公司的证据》，载于《经济研究》，2016年第11期，第125—139页。

武鹏、余泳泽、季凯文：《市场化、政府介入与中国高技术产业R&D全要素生产率增长》，载于《产业经济研究》，2010年第3期，第62—69页。

谢贞发、范子英：《中国式分税制、中央税收征管权集中与税收竞争》，载于《经济研究》，2015年第4期，第92—106页。

徐康宁、陈丰龙、刘修岩：《中国经济增长的真实性：基于全球夜间灯光数据的检验》，载于《经济研究》，2015年第9期，第17—29页。

许伟、陈斌开：《税收激励和企业投资——基于2004—2009年增值税转型的自然实验》，载于《管理世界》，2016年第5期，第9—17页。

严成樑：《社会资本、创新与长期经济增长》，载于《经济研究》，2012年第11期，第48—60页。

杨洋、魏江、罗来军：《谁在利用政府补贴进行创新？——所有制和要素市场扭曲的联合调节效应》，载于《管理世界》，2015年第1期，第75—98页。

易纲：《中国金融改革思考录》，商务印书馆，2009 年版。

尹恒、朱虹：《县级财政生产性支出偏向研究》，载于《中国社会科学》，2011 年第 1 期，第 88—101 页。

余明桂、回雅甫、潘红波：《政治联系、寻租与地方政府财政补贴有效性》，载于《经济研究》，2010 年第 3 期，第 65—77 页。

张建君、张闫龙：《董事长—总经理的异质性、权力差距和融洽关系与组织绩效——来自上市公司的证据》，载于《管理世界》，2016 年第 1 期，第 110—120 页。

张杰、陈志远、杨连星、新夫：《中国创新补贴政策的绩效评估：理论与证据》，载于《经济研究》，2015 年第 10 期，第 4—17 页。

张军、高远、傅勇、张弘：《中国为什么拥有了良好的基础设施》，载于《经济研究》，2007 年第 3 期，第 4—19 页。

张平、赵国昌、罗知：《中央官员来源与地方经济增长》，载于《经济学（季刊）》，2012 年第 11 卷第 2 期，第 613—634 页。

张顺、程诚：《市场化改革与社会网络资本的收入效应》，载于《社会学研究》，2012 年第 1 期，第 130—153 页。

张维迎、柯荣住：《信任及其解释：来自中国的跨省调查分析》，载于《经济研究》，2002 年第 10 期，第 59—70 页。

张晏、龚六堂：《分税制改革、财政分权与中国经济增长》，载于《经济学（季刊）》，2005 年第 5 卷第 1 期，第 75—108 页。

中国发展研究基金会“博智宏观论坛”中长期发展课题组：《2035：中国经济增长的潜力、结构与路径》，载于《管理世界》，2018 年第 7 期，第 1—13 页。

中国经济增长前沿课题组：《城市化、财政扩张与经济增长》，载于《经济研究》，2011 年第 11 期，第 4—19 页。

周黎安：《晋升博弈中政府官员的激励与合作——兼论我国地方保护主义和重复建设问题长期存在的原因》，载于《经济研究》，2004 年第 6 期，第 33—40 页。

周黎安：《中国地方官员的晋升锦标赛模式研究》，载于《经济研究》，2007 年第 7 期，第 36—50 页。

周黎安、刘冲、厉行：《税收努力、征税机构与税收增长之谜》，载于《经济学（季刊）》，2011 年第 11 卷第 4 期，第 1—18 页。

周黎安、陶婧:《政府规模、市场化与地区腐败问题研究》,载于《经济研究》,2009 年第 1 期,第 57—69 页。

周业安:《地方政府竞争与经济增长》,载于《中国人民大学学报》,2003 年第 1 期,第 97—103 页。

后　记

政府投资激励政策是中国城镇化建设的重要支撑。政府投资激励政策对地方经济增长是否起到了有效的促进作用，帮助还是抑制了企业生产率的提高，以及“经济－福利”效应最大化目标下政府投资激励政策的制度优化路径，这些都是作者感兴趣的研究课题。作者历时四年时间，整理了中国县（市）经济数据、工业企业数据和上市公司数据，规范分析了中国地方政府投资激励政策的经济效应、福利效应以及制度优化方式。本书研究的部分章节已经在《经济研究》《财贸经济》《经济学动态》《经济社会体制比较》等杂志上发表，形成了一系列较有影响力的成果。

在本书的写作过程中，本人得到了来自学校和学术研究团队大量有益的帮助。在此，本人由衷感谢我的丈夫卢盛峰老师给予我学术上的灵感和支持，感谢本人自然科学基金研究团队成员在研究过程中给予我在理论和技术分析上的协助，感谢这四年和本人一起坚持研究的各位硕士生和本科生。最后，本人想真诚地感谢我的父母，以及在我成书之际来到世界上的宝宝。谨以此书献给我亲爱的孩子！

最后，本书也受到国家自然科学基金青年项目（项目编号：71503270）、中南财经政法大学中央高校基本科研业务费专项资金（项目编号：2722019JCT010）和教育部人文社科基金青年项目（项目编号：16YJCZH111）的资助。

陈思霞